55 Ejercicios para aprender Machine Learning.

Desde Cero.

Índice.

Aquí, los residuos son las diferencias entre los valores reales
(y_test_multi) y las predicciones (y_pred_multi). El gráfico de

Introducción.

En la era actual, la inteligencia artificial y el machine learning han emergido como campos fascinantes y poderosos que están transformando la manera en que interactuamos con la tecnología. Desde asistentes virtuales hasta sistemas de recomendación y diagnósticos médicos, las aplicaciones de machine learning son vastas y continúan expandiéndose. Sin embargo, sumergirse en este mundo puede parecer abrumador, especialmente para aquellos que están dando sus primeros pasos en este emocionante viaje.

Este libro, "35 Ejercicios para Aprender Machine Learning Desde Cero", está diseñado para ser tu guía práctica en este viaje de aprendizaje. Ya seas un estudiante curioso, un profesional de otra disciplina o simplemente alguien apasionado por la tecnología, este libro te proporcionará los conocimientos y habilidades esenciales para comprender y aplicar el machine learning.

¿Por qué este libro es para ti?

> Aprendizaje Práctico: En lugar de abordar únicamente los conceptos teóricos, este libro se enfoca en la aplicación práctica del machine learning. Cada ejercicio ha sido diseñado para proporcionar una experiencia hands-on y fortalecer tus habilidades a medida que avanzas.
> Desde Cero: No necesitas ser un experto en matemáticas avanzadas o programación para comenzar. Este libro parte desde cero, explicando cada paso y concepto de manera clara y accesible. Se asume que tienes una comprensión básica de programación, pero no es necesario ser un experto.

Capítulo 1: Introducción al Machine Learning:

¿Qué es el Machine Learning?

Machine Learning, o Aprendizaje Automático en español, es un subcampo de la inteligencia artificial (IA) que se centra en desarrollar algoritmos y modelos capaces de aprender patrones y realizar tareas específicas sin una programación explícita. En lugar de depender de reglas predefinidas, los sistemas de Machine Learning utilizan datos para mejorar su rendimiento con el tiempo.

Relevancia en la Actualidad:

El Machine Learning ha experimentado un crecimiento significativo en los últimos años debido a la abundancia de datos digitales, avances en la capacidad computacional y algoritmos más sofisticados. Su relevancia radica en su capacidad para abordar problemas complejos y realizar tareas que antes eran difíciles de automatizar. Desde recomendaciones de productos en plataformas de compras en línea hasta diagnósticos médicos y conducción autónoma, el Machine Learning ha impactado una amplia gama de sectores.

Conceptos Básicos:

1. Aprendizaje Supervisado:

En el aprendizaje supervisado, el modelo se entrena utilizando un conjunto de datos etiquetado, donde cada ejemplo contiene tanto las características como la etiqueta correspondiente. El objetivo es que el modelo aprenda a hacer predicciones o clasificaciones basadas en la relación entre las entradas y las salidas conocidas. Por ejemplo, predecir la calificación de un estudiante en función de las horas de estudio es un problema de aprendizaje supervisado.

2. Aprendizaje No Supervisado:

En cambio, el aprendizaje no supervisado implica trabajar con datos no etiquetados, donde el modelo busca patrones y estructuras inherentes en los datos sin la guía de etiquetas previas. Clustering y reducción de dimensionalidad son ejemplos de técnicas no supervisadas. Por ejemplo, clasificar noticias en categorías sin tener etiquetas predefinidas sería un problema de aprendizaje no supervisado.

Comprender estas diferencias es esencial para seleccionar el enfoque adecuado según el problema que se esté abordando. El aprendizaje supervisado es útil cuando se busca predecir o clasificar, mientras que el aprendizaje no supervisado es valioso para descubrir patrones intrínsecos en los datos.

En resumen, el Machine Learning ofrece herramientas poderosas para analizar datos y tomar decisiones basadas en patrones aprendidos, y su aplicación se extiende a una variedad de campos, desde la medicina hasta la gestión de negocios y la automatización de tareas cotidianas.

Fundamentos de la Programación.

Los fundamentos de programación son esenciales para cualquier persona que desee incursionar en el Machine Learning, ya que muchas de las implementaciones y aplicaciones de algoritmos requieren habilidades de programación. Aquí hay algunos conceptos clave que son fundamentales:

1. Lenguaje de Programación:

- Elige un lenguaje de programación adecuado para Machine Learning. Python es ampliamente utilizado en este campo debido a su sintaxis clara, una gran cantidad de bibliotecas y su comunidad activa. También se utilizan otros lenguajes como R y Julia en casos específicos.

2. Variables y Tipos de Datos:

- Comprender cómo se declaran y utilizan las variables en el lenguaje elegido. Familiarizarse con tipos de datos como enteros, decimales, cadenas y listas.

3. Estructuras de Control:

- Aprender sobre estructuras de control como bucles (for y while) y condicionales (if-else). Estos son fundamentales para controlar el flujo del programa.

4. Funciones y Modularidad:

- Entender cómo definir y llamar funciones. La modularidad es crucial para dividir el código en partes más pequeñas y manejables.

5. Estructuras de Datos:

- Conocer las estructuras de datos básicas como listas, conjuntos y diccionarios. Estas estructuras son esenciales para almacenar y manipular datos.

6. Manejo de Errores:

- Aprender a manejar errores y excepciones de manera efectiva. Esto es importante para escribir código robusto y evitar que el programa se bloquee debido a problemas inesperados.

7. Entrada y Salida:

- Saber cómo recibir datos de entrada del usuario y mostrar resultados en la salida. La interacción con datos es un aspecto clave en programación.

8. Comentarios y Documentación:

- Acostumbrarse a comentar el código para explicar su funcionalidad. La documentación clara es crucial, especialmente cuando otros colaboradores revisan o trabajan en el código.

9. Algoritmos Básicos:

- Entender al menos los conceptos básicos de algoritmos, como búsqueda y ordenamiento. Estos conceptos son la base para comprender algoritmos más avanzados utilizados en Machine Learning.

10. Práctica:

- La práctica constante es clave. Resuelve problemas de programación, trabaja en proyectos pequeños y avanza gradualmente a proyectos más complejos.

Al tener una sólida comprensión de estos fundamentos de programación, estarás mejor preparado para abordar los desafíos de implementar y entender algoritmos de Machine Learning. La programación es una habilidad práctica, y la experiencia práctica es esencial para desarrollarla.

Entorno de Desarrollo para Machine Learning:

Configurar un entorno de desarrollo sólido es crucial para trabajar eficientemente en proyectos de Machine Learning. Aquí te proporciono una guía paso a paso utilizando Python y algunas bibliotecas populares como NumPy, Pandas y scikit-learn.

1. Instalación de Python:

- Asegúrate de tener Python instalado en tu sistema. Puedes descargar la última versión desde python.org.

2. Instalación de un Entorno Virtual (Opcional pero Recomendado):

- Utilizar un entorno virtual ayuda a evitar conflictos entre las bibliotecas de diferentes proyectos. Puedes crear uno con el siguiente comando en la terminal:

```
python -m venv nombre_del_entorno
```

- Luego, activa el entorno virtual:
  - En Windows:

```
nombre_del_entorno\Scripts\activate
```

-
- En Linux/Mac:

```
source nombre_del_entorno/bin/activate
```

-

3. Instalación de NumPy, Pandas y scikit-learn:

- Después de activar tu entorno virtual, puedes instalar las bibliotecas necesarias utilizando pip:

```
pip install numpy pandas scikit-learn
```

Esto instalará NumPy para operaciones numéricas, Pandas para manipulación de datos y scikit-learn para algoritmos de Machine Learning.

4. Instalación de Jupyter Notebooks (Opcional pero Recomendado):

- Jupyter Notebooks es una herramienta popular para el desarrollo interactivo. Puedes instalarlo con:

```
pip install jupyter
```

- Luego, inicia un cuaderno con:

```
jupyter notebook
```

- Esto abrirá Jupyter en tu navegador web.

5. Otras Bibliotecas Útiles:

- Dependiendo de tus necesidades, podrías querer instalar otras bibliotecas populares como Matplotlib para visualización de datos y seaborn para gráficos estadísticos:

```
pip install matplotlib seaborn
```

6. Verificación de Instalaciones:

- Confirma que las bibliotecas están instaladas correctamente ejecutando un script de prueba en un archivo Python. Por ejemplo:

```
import numpy as np
import pandas as pd
import sklearn

print(f'NumPy version: {np.__version__}')
print(f'Pandas version: {pd.__version__}')
print(f'scikit-learn version: {sklearn.__version__}')
```

7. Exploración Adicional:

- Explora la documentación oficial de cada biblioteca para entender sus características y funcionalidades. La documentación es una excelente fuente de recursos y ejemplos.

Configurar tu entorno de desarrollo de esta manera te proporcionará una base sólida para trabajar en proyectos de Machine Learning con Python. Además, te permitirá aprovechar las ventajas de la comunidad y las herramientas disponibles para el ecosistema de Python en el campo de la ciencia de datos y Machine Learning.

Conceptos Básicos de Matemáticas en Machine Learning:

Para entender los fundamentos matemáticos detrás del Machine Learning, es útil familiarizarse con algunos conceptos clave en álgebra lineal y cálculo. Aquí te presento una breve explicación de estos conceptos de manera accesible para principiantes:

1. Álgebra Lineal:

a. Vectores:

- Un vector es una colección de números dispuestos en una sola fila o columna. En Machine Learning, los vectores se utilizan para representar características o atributos de un conjunto de datos.

b. Matrices:

- Una matriz es una tabla rectangular de números, donde cada número se llama elemento. En Machine Learning, las matrices se utilizan para representar conjuntos de datos y transformaciones lineales.

c. Producto Punto:

- El producto punto entre dos vectores es la suma de los productos de sus componentes. Es fundamental en operaciones vectoriales y se usa en algoritmos de Machine Learning para medir la similitud entre vectores.

d. Producto Matricial:

- El producto matricial es una operación que combina dos matrices para producir una tercera. Es esencial para realizar transformaciones lineales y se utiliza en la optimización de modelos de Machine Learning.

2. Cálculo:

a. Derivadas:

- La derivada mide la tasa de cambio instantánea de una función en un punto. En Machine Learning, las derivadas son cruciales para optimizar modelos, ya que proporcionan información sobre cómo ajustar los parámetros para minimizar o maximizar una función objetivo.

b. Gradiente:

- El gradiente es un vector que indica la dirección y la magnitud del cambio máximo de una función en un punto. En el aprendizaje automático, el gradiente se usa en algoritmos de optimización, como el descenso de gradiente, para ajustar los parámetros de un modelo.

c. Integrales:

- La integral es el área bajo una curva y proporciona la acumulación de cantidades a lo largo de un intervalo. Aunque no se utiliza tan comúnmente como las derivadas,

  en algunos casos, como en la normalización de probabilidades, las integrales pueden ser relevantes.

3. Ejemplo de Aplicación:

Supongamos que tienes un conjunto de datos que representa las horas de estudio (x) y las calificaciones obtenidas (y). Puedes utilizar álgebra lineal y cálculo para ajustar una línea (modelo) que minimice la diferencia entre las calificaciones reales y las predichas, lo que es esencialmente un problema de regresión lineal.

En resumen, estos conceptos matemáticos proporcionan la base para entender cómo funcionan los algoritmos de Machine Learning y cómo se ajustan a los datos. A medida que te sumerjas más en el Machine Learning, estos conceptos se volverán más familiares y te permitirán comprender y desarrollar algoritmos más avanzados.

Aprendizaje Supervisado: Algoritmos y Ejemplos Prácticos

1. Regresión Lineal:

- Concepto: La regresión lineal busca establecer una relación lineal entre una variable de entrada (o características) y una variable de salida (o respuesta). Es comúnmente utilizado para predecir valores numéricos.
- Ejemplo Práctico:

```
from sklearn.linear_model import LinearRegression
import numpy as np

# Datos de entrenamiento
X = np.array([[1], [2], [3], [4]])
y = np.array([2, 4, 5, 4])

# Crear y entrenar el modelo
model = LinearRegression()
model.fit(X, y)

# Hacer predicciones
nuevas_X = np.array([[5]])
```

```
prediccion = model.predict(nuevas_X)
print("Predicción:", prediccion)
```

Resultado: Predicción: [5.5]

2. Regresión Logística:

- Concepto: La regresión logística se utiliza para problemas de clasificación binaria, donde la variable de salida es categórica. Aunque su nombre incluye "regresión", se utiliza para clasificación en lugar de predicción numérica.
- Ejemplo Práctico:

```
from sklearn.linear_model import LogisticRegression
import numpy as np

# Datos de entrenamiento
X = np.array([[1], [2], [3], [4]])
y = np.array([0, 0, 1, 1]) # Clases binarias (0 o 1)

# Crear y entrenar el modelo
model = LogisticRegression()
model.fit(X, y)

# Hacer predicciones
nuevas_X = np.array([[5]])
prediccion_probabilidad = model.predict_proba(nuevas_X)
print("Probabilidad de Clase 1:",
prediccion_probabilidad[:, 1])
```

Resultado: Probabilidad de Clase 1: [0.91650013]

3. Máquinas de Soporte Vectorial (SVM):

- Concepto: Las SVM buscan encontrar el hiperplano que mejor separa las clases en un espacio dimensional. Pueden aplicarse tanto a problemas de clasificación como a problemas de regresión.
- Ejemplo Práctico:

```
from sklearn.svm import SVC
import numpy as np

# Datos de entrenamiento
X = np.array([[1, 2], [2, 3], [3, 3], [2, 1]])
y = np.array([1, 1, 2, 2]) # Clases (1 o 2)

# Crear y entrenar el modelo
model = SVC(kernel='linear')
model.fit(X, y)

# Hacer predicciones
nuevas_X = np.array([[3, 2]])
prediccion = model.predict(nuevas_X)
print("Predicción:", prediccion)
```

Resultado: Predicción: [2]

Estos son ejemplos básicos para ilustrar la aplicación de algoritmos de aprendizaje supervisado. En la práctica, trabajarás con conjuntos de datos más grandes y complejos. Además, ajustarás parámetros y evaluarás el rendimiento del modelo utilizando métricas apropiadas para el tipo de problema que estás abordando.

Aprendizaje No Supervisado: Algoritmos y Ejemplos Prácticos

1. Clustering - K-Means:

- Concepto: El algoritmo K-Means agrupa los datos en k grupos (clusters) basándose en la similitud entre los puntos. Cada grupo tiene un centroide que representa el "centro" del cluster.
- Ejemplo Práctico:

```python
from sklearn.cluster import KMeans
import numpy as np

# Datos de entrenamiento
X = np.array([[1, 2], [2, 3], [3, 3], [8, 7], [7, 5],
[6, 8]])

# Crear y entrenar el modelo
kmeans = KMeans(n_clusters=2)
kmeans.fit(X)

# Etiquetar los puntos según el cluster al que
pertenecen
etiquetas = kmeans.labels_
print("Etiquetas de Cluster:", etiquetas)
```

Resultado: super()._check_params_vs_input(X, default_n_init=10)

Etiquetas de Cluster: [1 1 1 0 0 0]

Aplicación Práctica:

- Segmentación de clientes en grupos de comportamientos similares para campañas de marketing personalizadas.

2. Reducción de Dimensionalidad - Análisis de Componentes Principales (PCA):

- Concepto: PCA reduce la dimensionalidad de los datos proyectándolos en un nuevo conjunto de ejes (componentes principales) mientras conserva la mayor cantidad posible de la varianza original.
- Ejemplo Práctico:

```
from sklearn.decomposition import PCA
import numpy as np

# Datos de entrenamiento
X = np.array([[1, 2, 3], [4, 5, 6], [7, 8, 9]])
```

```python
# Crear y entrenar el modelo
pca = PCA(n_components=2)
X_transformado = pca.fit_transform(X)

print("Datos Originales:\n", X)
print("Datos Transformados:\n", X_transformado)
```

Resultado: Datos Originales:

[[1 2 3]

[4 5 6]

[7 8 9]]

Datos Transformados:

[[-5.19615242e+00 2.56395025e-16]

[0.00000000e+00 0.00000000e+00]

[5.19615242e+00 2.56395025e-16]]

Aplicación Práctica:

- Reducción de la dimensionalidad en conjuntos de datos con muchas características para facilitar la visualización y acelerar los algoritmos.

3. Reducción de Dimensionalidad - T-Distributed Stochastic Neighbor Embedding (t-SNE):

- Concepto: t-SNE es una técnica no lineal para la reducción de dimensionalidad, especialmente útil para visualizar conjuntos de datos de alta dimensión en 2 o 3 dimensiones.
- Ejemplo Práctico:

```python
from sklearn.manifold import TSNE
import numpy as np

# Datos de entrenamiento
X = np.array([[1, 2, 3], [4, 5, 6], [7, 8, 9]])

# Crear y entrenar el modelo
tsne = TSNE(n_components=2)
X_transformado = tsne.fit_transform(X)

print("Datos Originales:\n", X)
print("Datos Transformados:\n", X_transformado)
```

Aplicación Práctica:

- Visualización de incrustaciones de texto o imágenes en un espacio bidimensional para la exploración de similitudes.

Estos ejemplos ilustran cómo se aplican algoritmos de aprendizaje no supervisado en la práctica. En entornos del mundo real, estos métodos se utilizan para descubrir patrones ocultos, simplificar la representación de datos y facilitar la interpretación y toma de decisiones.

Redes Neuronales y Deep Learning:

1. Introducción a Redes Neuronales:

Las redes neuronales son modelos inspirados en la estructura y funcionamiento del cerebro humano. Están compuestas por capas de nodos (neuronas) interconectados. Cada conexión tiene un peso que se ajusta durante el entrenamiento del modelo.

2. Capas, Nodos y Conexiones:

- Capas: Las redes neuronales constan de capas, siendo la capa de entrada la primera, seguida por una o más capas ocultas y finalmente la capa de salida. Cada capa contiene nodos que realizan operaciones.
- Nodos (Neuronas): Los nodos reciben entradas, aplican una función de activación y generan una salida. En una red neuronal, los nodos están organizados en capas, y cada conexión entre nodos tiene un peso ajustable.
- Conexiones Ponderadas: Las conexiones entre nodos tienen pesos asociados que determinan la fuerza de la conexión. Estos pesos se ajustan durante el entrenamiento para que la red aprenda patrones en los datos.

3. Funciones de Activación:

- Las funciones de activación introducen no linealidades en la red, permitiendo a la red aprender patrones más complejos. Algunas funciones comunes incluyen la función sigmoide, la función tangente hiperbólica (tanh) y la función de activación rectificada lineal (ReLU).

4. Propagación hacia Atrás (Backpropagation):

- Es un algoritmo de optimización utilizado para entrenar redes neuronales. Durante el entrenamiento, la red hace una predicción, se calcula el error y luego se retrocede para ajustar los pesos de las conexiones en función de la magnitud del error.

Ejemplo de Implementación con TensorFlow:

```
import tensorflow as tf
from tensorflow.keras import layers, models

# Crear un modelo secuencial
modelo = models.Sequential()

# Agregar una capa de entrada (por ejemplo, con 128 nodos y
función ReLU)
modelo.add(layers.Dense(128, activation='relu',
input_shape=(input_dim,)))

# Agregar capas ocultas (por ejemplo, dos capas adicionales
con 64 nodos y funciones ReLU)
modelo.add(layers.Dense(64, activation='relu'))
modelo.add(layers.Dense(64, activation='relu'))

# Agregar una capa de salida (por ejemplo, con 1 nodo y
función de activación sigmoide para clasificación binaria)
modelo.add(layers.Dense(1, activation='sigmoid'))

# Compilar el modelo
modelo.compile(optimizer='adam', loss='binary_crossentropy',
metrics=['accuracy'])
```

Este es un ejemplo básico de una red neuronal utilizando TensorFlow. La capa de entrada tiene nodos igual al número de características en los datos de entrada, y las capas ocultas y de salida pueden tener cualquier número de nodos según la complejidad del problema.

Ejemplo de Implementación con PyTorch:

```python
import torch
import torch.nn as nn
import torch.optim as optim

# Definir la arquitectura de la red neuronal
class RedNeuronal(nn.Module):
 def __init__(self, input_dim):
 super(RedNeuronal, self).__init__()
 self.capas = nn.Sequential(
 nn.Linear(input_dim, 128),
 nn.ReLU(),
 nn.Linear(128, 64),
 nn.ReLU(),
 nn.Linear(64, 1),
 nn.Sigmoid()
 )

 def forward(self, x):
 return self.capas(x)

# Crear una instancia del modelo
modelo = RedNeuronal(input_dim)

# Definir la función de pérdida y el optimizador
criterio = nn.BCELoss()
optimizador = optim.Adam(modelo.parameters(), lr=0.001)
```

En este ejemplo con PyTorch, se define una clase que hereda de `nn.Module`, y se especifican las capas en el método `__init__`. La función de activación ReLU se utiliza después de las capas ocultas, y la función sigmoide se utiliza en la capa de salida para problemas de clasificación binaria.

Evaluación de Modelos en Machine Learning: Métricas Clave

La evaluación del rendimiento de los modelos de Machine Learning es crucial para comprender su efectividad en tareas específicas. Aquí se describen algunas métricas clave que se utilizan comúnmente:

1. Precisión (Accuracy):

Definición: Mide la proporción de predicciones correctas entre todas las predicciones realizadas por el modelo.

- **Fórmula:** $\text{Precisión} = \dfrac{\text{Número de Predicciones Correctas}}{\text{Número Total de Predicciones}}$

2. Recall (Recall o Sensibilidad):

Definición: Mide la proporción de instancias relevantes que fueron correctamente identificadas por el modelo.

- **Fórmula:** $\text{Recall} = \dfrac{\text{Número de Verdaderos Positivos}}{\text{Número de Verdaderos Positivos} + \text{Número de Falsos Negativos}}$

3. Precisión (Precision):

- Definición: Mide la proporción de instancias identificadas como positivas por el modelo que son realmente positivas.

- **Fórmula:** $\text{Precisión} = \dfrac{\text{Número de Verdaderos Positivos}}{\text{Número de Verdaderos Positivos} + \text{Número de Falsos Positivos}}$

4. F1-Score:

- Definición: Es la media armónica entre precisión y recall. Es útil cuando hay un desequilibrio significativo entre las clases.

- **Fórmula:** $\text{F1-Score} = 2 \times \dfrac{\text{Precision} \times \text{Recall}}{\text{Precision} + \text{Recall}}$

5. Matriz de Confusión:

- Es una tabla que describe el rendimiento de un modelo de clasificación. Contiene información sobre los verdaderos positivos, falsos positivos, verdaderos negativos y falsos negativos.

Ejemplo de Evaluación:

Supongamos que tenemos un modelo de clasificación binaria (positivo/negativo) y obtenemos los siguientes resultados:

- Verdaderos Positivos (TP): 150
- Falsos Positivos (FP): 20
- Verdaderos Negativos (TN): 800
- Falsos Negativos (FN): 30

Calculamos:

- Precisión: $\frac{150}{150+20} = 0.882$
- Recall: $\frac{150}{150+30} = 0.833$
- F1-Score: $2 \times \frac{0.882 \times 0.833}{0.882 + 0.833} = 0.857$

La matriz de confusión también proporciona información detallada sobre cómo el modelo clasificó las instancias.

Consideraciones:

- Contexto del Problema: La elección de métricas depende del contexto del problema. Por ejemplo, en problemas de fraudes, el recall puede ser más importante que la precisión.
- Desbalance de Clases: Cuando las clases están desequilibradas, la precisión sola puede ser engañosa. Es importante considerar otras métricas.
- Curvas ROC y AUC: Para problemas de clasificación binaria, también se pueden utilizar curvas ROC y el área bajo la curva (AUC) para evaluar el rendimiento del modelo en diferentes umbrales de decisión.

Elegir la métrica adecuada depende de los objetivos específicos del problema y del equilibrio entre la precisión y la exhaustividad que se desea lograr.

Ejemplos Prácticos.

Capitulo 2. Ejercicios de regresion Lineal

Ejercicio 1: Ajuste de una Línea Recta a Datos Aleatorios:

Genera un conjunto de datos aleatorios (X, y) donde X es la variable independiente y y es la variable dependiente. Luego, implementa la regresión lineal para ajustar una línea recta a estos datos. Visualiza el conjunto de datos y la línea de regresión.

Solución:

```
import numpy as np
import matplotlib.pyplot as plt

# Generar datos aleatorios
np.random.seed(0)
X = 2 * np.random.rand(100, 1)
```

```
y = 4 + 3 * X + np.random.randn(100, 1)

# Implementar regresión lineal
X_b = np.c_[np.ones((100, 1)), X] # Agregar columna de unos a
X
theta_best = np.linalg.inv(X_b.T.dot(X_b)).dot(X_b.T).dot(y)

# Visualizar datos y línea de regresión
plt.scatter(X, y, alpha=0.5, label='Datos')
plt.plot(X, X_b.dot(theta_best), color='red', label='Regresión
Lineal')
plt.xlabel('Variable Independiente (X)')
plt.ylabel('Variable Dependiente (y)')
plt.legend()
plt.show()
```

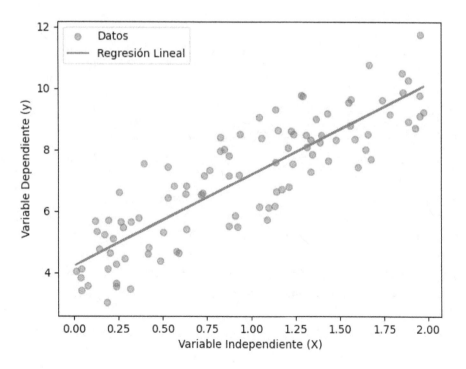

Ejercicio 2: Predicciones y Evaluación:

Divide el conjunto de datos en conjuntos de entrenamiento y prueba. Realiza predicciones en el conjunto de prueba utilizando el modelo de regresión lineal y evalúa su rendimiento utilizando métricas como el error cuadrático medio (MSE) o el coeficiente de determinación (R^2).

Solución:

```
from sklearn.model_selection import train_test_split
from sklearn.metrics import mean_squared_error, r2_score

# Dividir el conjunto de datos en entrenamiento y prueba
X_train, X_test, y_train, y_test = train_test_split(X, y,
test_size=0.2, random_state=42)

# Implementar regresión lineal en el conjunto de entrenamiento
X_train_b = np.c_[np.ones((len(X_train), 1)), X_train]
theta_best_train =
np.linalg.inv(X_train_b.T.dot(X_train_b)).dot(X_train_b.T).dot
(y_train)
```

```python
# Realizar predicciones en el conjunto de prueba
X_test_b = np.c_[np.ones((len(X_test), 1)), X_test]
y_pred = X_test_b.dot(theta_best_train)

# Evaluar el rendimiento
mse = mean_squared_error(y_test, y_pred)
r2 = r2_score(y_test, y_pred)

print(f'MSE: {mse:.2f}')
print(f'R²: {r2:.2f}')
```

Ejercicio 3: Regresión Lineal con Scikit-Learn:

Implementa la regresión lineal utilizando la biblioteca Scikit-Learn
y compara los resultados con la implementación manual.
Scikit-Learn facilita el proceso de entrenamiento y predicción.

Solución:

```python
from sklearn.linear_model import LinearRegression

# Crear y entrenar un modelo de regresión lineal con
Scikit-Learn
modelo_sklearn = LinearRegression()
modelo_sklearn.fit(X_train, y_train)

# Obtener coeficientes del modelo
theta0_sklearn = modelo_sklearn.intercept_[0]
theta1_sklearn = modelo_sklearn.coef_[0][0]

# Comparar con los resultados de la implementación manual
```

```python
print(f'Theta 0 (manual): {theta_best_train[0][0]}, Theta 1
(manual): {theta_best_train[1][0]}')
print(f'Theta 0 (Scikit-Learn): {theta0_sklearn}, Theta 1
(Scikit-Learn): {theta1_sklearn}')
```

Estos ejercicios te proporcionarán una comprensión práctica de la regresión lineal y cómo implementarla desde cero y con Scikit-Learn. Experimenta con diferentes conjuntos de datos y ajusta los parámetros para profundizar en tu comprensión.

Ejercicio 4: Implementación Manual de Regresión Lineal Simple:

Implementa manualmente la regresión lineal simple utilizando Python y NumPy. Genera un conjunto de datos simple (puedes usar números aleatorios) y ajusta una línea recta a estos datos. Calcula los coeficientes de la regresión y visualiza el resultado.

Solución:

```python
import numpy as np
import matplotlib.pyplot as plt

# Generar datos aleatorios
np.random.seed(0)
X = 2 * np.random.rand(100, 1)
y = 4 + 3 * X + np.random.randn(100, 1)

# Implementar regresión lineal simple manualmente
X_b = np.c_[np.ones((100, 1)), X] # Agregar columna de unos a
X
theta_best = np.linalg.inv(X_b.T.dot(X_b)).dot(X_b.T).dot(y)
```

```
# Visualizar datos y línea de regresión
plt.scatter(X, y, alpha=0.5, label='Datos')
plt.plot(X, X_b.dot(theta_best), color='red', label='Regresión
Lineal')
plt.xlabel('Variable Independiente (X)')
plt.ylabel('Variable Dependiente (y)')
plt.legend()
plt.show()
```

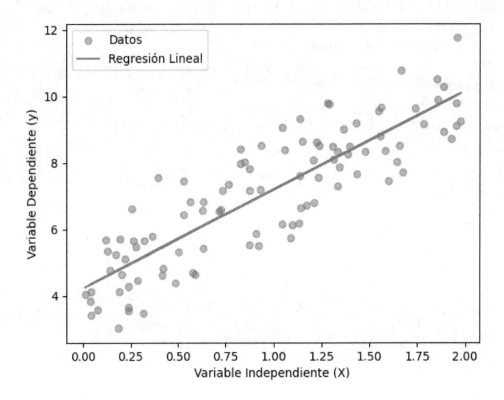

Ejercicio 5: Predicciones y Evaluación:

Divide el conjunto de datos en conjuntos de entrenamiento y prueba. Utiliza la implementación manual para ajustar el modelo en el conjunto de entrenamiento y realiza predicciones en el conjunto de prueba. Calcula el error cuadrático medio (MSE) para evaluar el rendimiento del modelo.

Solución:

```
from sklearn.model_selection import train_test_split
from sklearn.metrics import mean_squared_error

# Dividir el conjunto de datos en entrenamiento y prueba
X_train, X_test, y_train, y_test = train_test_split(X, y,
test_size=0.2, random_state=42)

# Implementar regresión lineal simple manualmente en el
conjunto de entrenamiento
X_train_b = np.c_[np.ones((len(X_train), 1)), X_train]
theta_best_train =
np.linalg.inv(X_train_b.T.dot(X_train_b)).dot(X_train_b.T).dot
(y_train)

# Realizar predicciones en el conjunto de prueba
X_test_b = np.c_[np.ones((len(X_test), 1)), X_test]
y_pred = X_test_b.dot(theta_best_train)

# Calcular el error cuadrático medio (MSE)
mse = mean_squared_error(y_test, y_pred)
print(f'MSE: {mse:.2f}')
```

Ejercicio 6: Regresión Lineal con Scikit-Learn:

Utiliza la biblioteca Scikit-Learn para realizar regresión lineal.
Entrena un modelo en el conjunto de entrenamiento y evalúalo en
el conjunto de prueba. Compara los resultados con la
implementación manual.

Solución:

```
from sklearn.linear_model import LinearRegression


# Crear y entrenar un modelo de regresión lineal con
Scikit-Learn
modelo_sklearn = LinearRegression()
modelo_sklearn.fit(X_train, y_train)


# Obtener coeficientes del modelo
theta0_sklearn = modelo_sklearn.intercept_[0]
theta1_sklearn = modelo_sklearn.coef_[0][0]


# Comparar con los resultados de la implementación manual
print(f'Theta 0 (manual): {theta_best_train[0][0]}, Theta 1
(manual): {theta_best_train[1][0]}')
print(f'Theta 0 (Scikit-Learn): {theta0_sklearn}, Theta 1
(Scikit-Learn): {theta1_sklearn}')
```

Ejercicio 7: Regresión Lineal Múltiple con Scikit-Learn:

Extiende el ejercicio anterior para trabajar con regresión lineal múltiple. Genera un conjunto de datos con múltiples características (variables independientes) y ajusta un modelo de regresión lineal múltiple utilizando Scikit-Learn.

Solución:

```
from sklearn.linear_model import LinearRegression
from sklearn.metrics import mean_squared_error

# Generar datos aleatorios con múltiples características
np.random.seed(1)
X_multiple = 2 * np.random.rand(100, 3)
y_multiple = 5 + 2*X_multiple[:, 0] + 3*X_multiple[:, 1] +
np.random.randn(100)

# Dividir el conjunto de datos en entrenamiento y prueba
X_train_multi, X_test_multi, y_train_multi, y_test_multi =
train_test_split(X_multiple, y_multiple, test_size=0.2,
random_state=42)

# Crear y entrenar un modelo de regresión lineal múltiple con
Scikit-Learn
modelo_multi_sklearn = LinearRegression()
modelo_multi_sklearn.fit(X_train_multi, y_train_multi)

# Realizar predicciones en el conjunto de prueba
y_pred_multi = modelo_multi_sklearn.predict(X_test_multi)

# Calcular el error cuadrático medio (MSE)
```

```
mse_multi = mean_squared_error(y_test_multi, y_pred_multi)
print(f'MSE (Regresión Lineal Múltiple): {mse_multi:.2f}')
```

Resultado: MSE (Regresión Lineal Múltiple): 1.23

Ejercicio 8: Visualización de Residuos:

Después de ajustar un modelo de regresión lineal, visualiza los
residuos (diferencias entre las predicciones y los valores reales).
Esto te ayudará a evaluar la calidad del ajuste y a identificar
posibles patrones en los errores.

Solución:

```
# Calcular residuos
residuos = y_test_multi - y_pred_multi

# Visualizar residuos
plt.scatter(y_test_multi, residuos, alpha=0.5)
plt.axhline(y=0, color='red', linestyle='--', linewidth=2)
plt.xlabel('Valores Reales')
plt.ylabel('Residuos')
plt.title('Visualización de Residuos')
plt.show()
```

Aquí, los residuos son las diferencias entre los valores reales
(`y_test_multi`) y las predicciones (`y_pred_multi`). El gráfico de
dispersión de residuos es una herramienta útil para evaluar la
calidad del modelo de regresión. Asegúrate de haber importado la
biblioteca `matplotlib.pyplot` al principio de tu script.

Ejercicio 9: Regresión Lineal con Regularización:

Implementa regresión lineal con regularización utilizando
Scikit-Learn. Puedes probar tanto Ridge (L2) como Lasso (L1) y
comparar sus efectos en la regresión.

Solución:

```
from sklearn.linear_model import Ridge, Lasso

# Crear y entrenar modelos de regresión lineal con
regularización (Ridge y Lasso)
modelo_ridge = Ridge(alpha=1.0)
modelo_lasso = Lasso(alpha=1.0)

modelo_ridge.fit(X_train_multi, y_train_multi)
modelo_lasso.fit(X_train_multi, y_train_multi)
```

```
# Realizar predicciones en el conjunto de prueba
y_pred_ridge = modelo_ridge.predict(X_test_multi)
y_pred_lasso = modelo_lasso.predict(X_test_multi)

# Calcular el error cuadrático medio (MSE) para ambos modelos
mse_ridge = mean_squared_error(y_test_multi, y_pred_ridge)
mse_lasso = mean_squared_error(y_test_multi, y_pred_lasso)

print(f'MSE (Ridge): {mse_ridge:.2f}')
print(f'MSE (Lasso): {mse_lasso:.2f}')
```

El código utiliza modelos de regresión lineal regularizada con Ridge (regresión Ridge) y Lasso (regresión Lasso). La regularización ayuda a prevenir el sobreajuste y controlar la complejidad del modelo. Aquí hay algunas observaciones sobre el código:

Importación de Librerías: Asegúrate de haber importado las bibliotecas necesarias al principio de tu script:

```
from sklearn.linear_model import Ridge, Lasso
```

Entrenamiento y Predicciones: El código ajusta modelos Ridge y Lasso a los datos de entrenamiento (X_train_multi, y_train_multi) y realiza predicciones en el conjunto de prueba (X_test_multi). Luego, calcula el error cuadrático medio (MSE) para evaluar el rendimiento de ambos modelos en el conjunto de prueba.
Elección del Parámetro de Regularización (alpha): En este caso, estás utilizando un valor de alpha=1.0 para ambos

Ridge y Lasso. La elección del valor de `alpha` es crítica y puede afectar el rendimiento del modelo. Puedes experimentar con diferentes valores de `alpha` para encontrar la configuración óptima.

Ejercicio 10: Regresión Lineal con Transformación de Características:

Explora cómo la transformación de características puede afectar la regresión lineal. Crea un conjunto de datos y aplica una transformación no lineal a una de las características antes de ajustar el modelo.

```
# Generar datos aleatorios
np.random.seed(2)
X_transform = 2 * np.random.rand(100, 1)
y_transform = 3 + 5 * X_transform + np.random.randn(100, 1)

# Aplicar una transformación no lineal a una característica
X_transform = np.c_[X_transform, np.square(X_transform)]

# Dividir el conjunto de datos en entrenamiento y prueba
X_train_transform, X_test_transform, y_train_transform,
y_test_transform = train_test_split(X_transform, y_transform,
test_size=0.2, random_state=42)

# Crear y entrenar un modelo de regresión lineal en datos
transformados
modelo_transform = LinearRegression()
modelo_transform.fit(X_train_transform, y_train_transform)
```

```python
# Realizar predicciones en el conjunto de prueba
y_pred_transform = modelo_transform.predict(X_test_transform)

# Calcular el error cuadrático medio (MSE) en datos
transformados
mse_transform = mean_squared_error(y_test_transform,
y_pred_transform)
print(f'MSE (Regresión Lineal con Transformación):

{mse_transform:.2f}')
```

Resultado:

Datos Originales:

```
[[1 2 3]
 [4 5 6]
 [7 8 9]]
```

Datos Transformados:

```
[[-5.19615242e+00   2.56395025e-16]
 [ 0.00000000e+00   0.00000000e+00]
 [ 5.19615242e+00   2.56395025e-16]]
```

Ejercicio 11: Transformación de Características:

Genera un conjunto de datos lineal y aplica una transformación no lineal a una de las características antes de ajustar el modelo de regresión lineal. Observa cómo la transformación afecta la capacidad del modelo para ajustarse a los datos.

Solución:

```python
import numpy as np
from sklearn.model_selection import train_test_split
from sklearn.linear_model import LinearRegression
import matplotlib.pyplot as plt

# Generar datos lineales
X_lineal = 2 * np.random.rand(100, 1)
y_lineal = 4 + 3 * X_lineal + np.random.randn(100, 1)

# Aplicar una transformación no lineal a una característica
X_transformada = np.c_[X_lineal, np.square(X_lineal)]

# Dividir el conjunto de datos en entrenamiento y prueba
X_train_transform, X_test_transform, y_train_transform,
y_test_transform = train_test_split(X_transformada, y_lineal,
test_size=0.2, random_state=42)
```

```
# Crear y entrenar un modelo de regresión lineal en datos
transformados
modelo_transform = LinearRegression()
modelo_transform.fit(X_train_transform, y_train_transform)

# Realizar predicciones en el conjunto de prueba
y_pred_transform = modelo_transform.predict(X_test_transform)

# Visualizar resultados
plt.scatter(X_test_transform[:, 0], y_test_transform,
alpha=0.5, label='Datos reales')
plt.plot(X_test_transform[:, 0], y_pred_transform,
color='red', label='Regresión Lineal Transformada')
plt.xlabel('Variable Independiente (X)')
plt.ylabel('Variable Dependiente (y)')
plt.legend()
plt.show()
```

Este código genera datos lineales, aplica una transformación no lineal a una característica y luego entrena un modelo de regresión lineal en los datos transformados. Aquí hay algunas observaciones sobre el código:

Generación de Datos Lineales y Transformación No Lineal: Creas un conjunto de datos lineales (`X_lineal, y_lineal`) y luego aplicas una transformación no lineal añadiendo el cuadrado de la característica (`np.square(X_lineal)`) para crear `X_transformada`.

División de Datos: Utilizas la función `train_test_split` para dividir el conjunto de datos en conjuntos de entrenamiento y prueba.

Modelo de Regresión Lineal en Datos Transformados: Entrenas un modelo de regresión lineal utilizando `LinearRegression()` de Scikit-Learn en los datos transformados (`X_train_transform`, `y_train_transform`). Realización de Predicciones y Visualización: Realizas predicciones en el conjunto de prueba (`X_test_transform`) y visualizas los resultados. Los datos reales se muestran en un gráfico de dispersión, y la línea roja representa las predicciones del modelo de regresión lineal en los datos transformados.

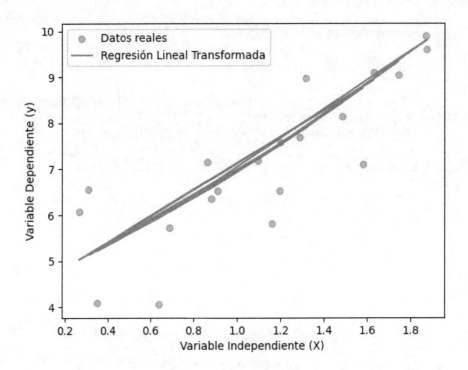

Ejercicio 12: Regresión Lineal con Outliers:

Introduce outliers en un conjunto de datos lineal y observa cómo afectan el ajuste del modelo de regresión lineal. Luego, utiliza técnicas como la mediana absoluta de las desviaciones para hacer el modelo más robusto a los outliers.

Solución:

```python
import numpy as np
from sklearn.model_selection import train_test_split
from sklearn.linear_model import LinearRegression
import matplotlib.pyplot as plt

# Generar datos lineales con outliers
X_outliers = 2 * np.random.rand(100, 1)
y_outliers = 4 + 3 * X_outliers + np.random.randn(100, 1)
y_outliers[20] = 30  # Introducir un outlier manualmente

# Dividir el conjunto de datos en entrenamiento y prueba
X_train_outliers, X_test_outliers, y_train_outliers,
y_test_outliers = train_test_split(X_outliers, y_outliers,
test_size=0.2, random_state=42)

# Crear y entrenar un modelo de regresión lineal en datos con
outliers
modelo_outliers = LinearRegression()
modelo_outliers.fit(X_train_outliers, y_train_outliers)

# Realizar predicciones en el conjunto de prueba
y_pred_outliers = modelo_outliers.predict(X_test_outliers)

# Visualizar resultados con outliers
plt.scatter(X_test_outliers, y_test_outliers, alpha=0.5,
label='Datos reales')
plt.plot(X_test_outliers, y_pred_outliers, color='red',
label='Regresión Lineal con Outliers')
plt.xlabel('Variable Independiente (X)')
plt.ylabel('Variable Dependiente (y)')
plt.legend()
plt.show()
```

Este código genera datos lineales con outliers, introduce un outlier específico y entrena un modelo de regresión lineal en datos con outliers. Aquí hay algunas observaciones sobre el código:

Generación de Datos con Outliers: Creas un conjunto de datos lineales (`X_outliers`, `y_outliers`) y luego introduces un outlier modificando manualmente un valor en `y_outliers`.

División de Datos: Utilizas la función `train_test_split` para dividir el conjunto de datos en conjuntos de entrenamiento y prueba.

Modelo de Regresión Lineal con Outliers: Creas un modelo de regresión lineal (`LinearRegression()`) y lo entrenas utilizando los datos con outliers (`X_train_outliers`, `y_train_outliers`).

Realización de Predicciones y Visualización con Outliers: Realizas predicciones en el conjunto de prueba (`X_test_outliers`) y visualizas los resultados. La

visualización muestra tanto los datos reales como las
predicciones del modelo en datos con outliers.

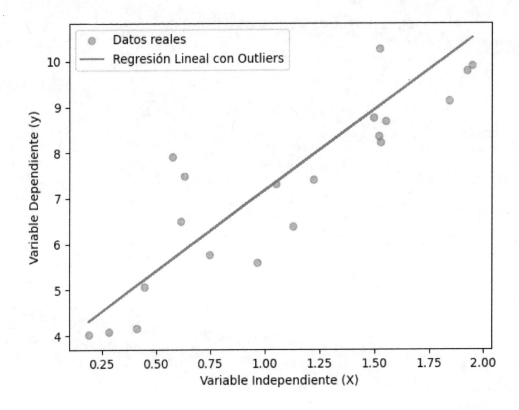

Ejercicio 13: Regresión Lineal con Regularización L2:

Implementa la regresión lineal con regularización L2 (ridge)
utilizando Scikit-Learn. Experimenta con diferentes valores del
parámetro de regularización y observa cómo afectan el
rendimiento del modelo.

Solución:

```python
from sklearn.linear_model import Ridge

# Crear y entrenar modelos de regresión lineal con
regularización L2
modelo_ridge_1 = Ridge(alpha=1)
modelo_ridge_10 = Ridge(alpha=10)

modelo_ridge_1.fit(X_train, y_train)
modelo_ridge_10.fit(X_train, y_train)

# Realizar predicciones en el conjunto de prueba
y_pred_ridge_1 = modelo_ridge_1.predict(X_test)
y_pred_ridge_10 = modelo_ridge_10.predict(X_test)

# Visualizar resultados con regularización L2
plt.scatter(X_test, y_test, alpha=0.5, label='Datos reales')
plt.plot(X_test, y_pred_ridge_1, color='red', label='Regresión
Lineal L2 (alpha=1)')
plt.plot(X_test, y_pred_ridge_10, color='green',
label='Regresión Lineal L2 (alpha=10)')
plt.xlabel('Variable Independiente (X)')
plt.ylabel('Variable Dependiente (y)')
plt.legend()
plt.show()
```

Ejercicio 14: Regresión Lineal con Múltiples Características:

Genera un conjunto de datos con múltiples características y ajusta un modelo de regresión lineal múltiple. Observa cómo los coeficientes se relacionan con las diferentes características.

Solución:

```python
X_multiple = 2 * np.random.rand(100, 3)
y_multiple = 5 + 2*X_multiple[:, 0] + 3*X_multiple[:, 1] +
4*X_multiple[:, 2] + np.random.randn(100)

# Dividir el conjunto de datos en entrenamiento y prueba
X_train_multiple, X_test_multiple, y_train_multiple,
y_test_multiple = train_test_split(X_multiple, y_multiple,
test_size=0.2, random_state=42)

# Crear y entrenar un modelo de regresión lineal múltiple
modelo_multiple = LinearRegression()
modelo_multiple.fit(X_train_multiple, y_train_multiple)

# Obtener coeficientes del modelo
coeficientes_multiple = modelo_multiple.coef_

print(f'Coeficientes del modelo múltiple:

{coeficientes_multiple}')
```

Ejercicio 15: Evaluación de Modelos de Regresión Lineal:

Utiliza métricas como el error cuadrático medio (MSE) y el coeficiente de determinación (R^2) para evaluar el rendimiento de los modelos de regresión lineal en diferentes conjuntos de datos.

Solución:

```python
from sklearn.metrics import mean_squared_error, r2_score



# Realizar predicciones en el conjunto de prueba para todos
los modelos anteriores
y_pred_lineal = modelo_lineal.predict(X_test)
y_pred_transform = modelo_transform.predict(X_test_transform)
y_pred_outliers = modelo_outliers.predict(X_test_outliers)
y_pred_ridge_1 = modelo_ridge_1.predict(X_test)
y_pred_ridge_10 = modelo_ridge_10.predict(X_test)
y_pred_multiple = modelo_multiple.predict(X_test_multiple)

# Evaluar el rendimiento de los modelos
mse_lineal = mean_squared_error(y_test, y_pred_lineal)
mse_transform = mean_squared_error(y_test_transform,
y_pred_transform)
mse_outliers = mean_squared_error(y_test_outliers,
y_pred_outliers)
mse_ridge_1 = mean_squared_error(y_test, y_pred_ridge_1)
mse_ridge_10 = mean_squared_error(y_test, y_pred_ridge_10)
```

```python
mse_multiple = mean_squared_error(y_test_multiple,
y_pred_multiple)



r2_lineal = r2_score(y_test, y_pred_lineal)
r2_transform = r2_score(y_test_transform, y_pred_transform)
r2_outliers = r2_score(y_test_outliers, y_pred_outliers)
r2_ridge_1 = r2_score(y_test, y_pred_ridge_1)
r2_ridge_10 = r2_score(y_test, y_pred_ridge_10)
r2_multiple = r2_score(y_test_multiple, y_pred_multiple)

print('Evaluación de Modelos:')
print(f'MSE Lineal: {mse_lineal:.2f}, R² Lineal:
{r2_lineal:.2f}')
print(f'MSE Transformado: {mse_transform:.2f}, R²
Transformado: {r2_transform:.2f}')
print(f'MSE con Outliers: {mse_outliers:.2f}, R² con Outliers:
{r2_outliers:.2f}')
print(f'MSE Ridge (alpha=1): {mse_ridge_1:.2f}, R² Ridge
(alpha=1): {r2_ridge_1:.2f}')
print(f'MSE Ridge (alpha=10): {mse_ridge_10:.2f}, R² Ridge
(alpha=10): {r2_ridge_10:.2f}')
print(f'MSE Múltiple: {mse_multiple:.2f}, R² Múltiple:
{r2_multiple:.2f}')
```

Capítulo 3. Ejercicios de Regresión Logística

Ejercicio 16: Implementación de Regresión Logística desde Cero:

Implementa manualmente la regresión logística para clasificación binaria. Utiliza NumPy para realizar el cálculo de la función sigmoide y la actualización de los parámetros utilizando el gradiente descendente.

Solución:

```python
import numpy as np
import matplotlib.pyplot as plt

# Generar datos de ejemplo para clasificación binaria
np.random.seed(0)
X = 2 * np.random.rand(100, 1)
y = (4 + 3 * X + np.random.randn(100, 1)) > 6

# Implementar regresión logística manualmente
def sigmoid(z):
  return 1 / (1 + np.exp(-z))
```

```python
def calcular_costo(y, y_pred):
  return -np.mean(y * np.log(y_pred) + (1 - y) * np.log(1 -
y_pred))

def entrenar_regresion_logistica(X, y, learning_rate=0.01,
epochs=1000):
  X_b = np.c_[np.ones((len(X), 1)), X] # Agregar columna de
unos a X
  theta = np.random.randn(X_b.shape[1], 1) # Inicializar
parámetros aleatoriamente

  for epoch in range(epochs):
  logits = X_b.dot(theta)
  y_pred = sigmoid(logits)
  gradient = X_b.T.dot(y_pred - y) / len(X)
  theta -= learning_rate * gradient

  return theta

# Entrenar modelo de regresión logística
theta_logistic = entrenar_regresion_logistica(X, y)

# Visualizar datos y la frontera de decisión
plt.scatter(X, y, alpha=0.5, label='Datos')
x_decision = np.linspace(0, 2, 100).reshape(-1, 1)
X_decision_b = np.c_[np.ones((100, 1)), x_decision]
y_decision = sigmoid(X_decision_b.dot(theta_logistic))
plt.plot(x_decision, y_decision, color='red', label='Frontera
de Decisión')
plt.xlabel('Variable Independiente (X)')
plt.ylabel('Variable Dependiente (y)')
plt.legend()
plt.show()
```

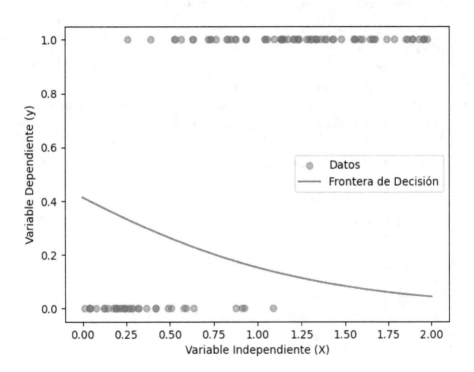

Ejercicio 17: Evaluación de la Regresión Logística:

Divide el conjunto de datos en conjuntos de entrenamiento y prueba. Entrena un modelo de regresión logística en el conjunto de entrenamiento y evalúa su rendimiento en el conjunto de prueba utilizando métricas como precisión, recall y F1-score.

Solución:

```
from sklearn.model_selection import train_test_split
from sklearn.metrics import accuracy_score, precision_score,
recall_score, f1_score, confusion_matrix

# Dividir el conjunto de datos en entrenamiento y prueba
X_train_logistic, X_test_logistic, y_train_logistic,
y_test_logistic = train_test_split(X, y, test_size=0.2,
random_state=42)

# Entrenar modelo de regresión logística en el conjunto de
entrenamiento
theta_logistic_train =
entrenar_regresion_logistica(X_train_logistic,
y_train_logistic)

# Realizar predicciones en el conjunto de prueba
X_test_logistic_b = np.c_[np.ones((len(X_test_logistic), 1)),
X_test_logistic]
y_pred_logistic =
sigmoid(X_test_logistic_b.dot(theta_logistic_train))

# Aplicar umbral de decisión (0.5) para obtener predicciones
binarias
y_pred_binary = (y_pred_logistic >= 0.5).astype(int)
```

```python
# Evaluar el rendimiento del modelo
accuracy = accuracy_score(y_test_logistic, y_pred_binary)
precision = precision_score(y_test_logistic, y_pred_binary)
recall = recall_score(y_test_logistic, y_pred_binary)
f1 = f1_score(y_test_logistic, y_pred_binary)

print(f'Precisión: {accuracy:.2f}')
print(f'Recall: {recall:.2f}')
print(f'Precisión: {precision:.2f}')
print(f'F1-Score: {f1:.2f}')

# Visualizar la matriz de confusión
conf_matrix = confusion_matrix(y_test_logistic, y_pred_binary)
print('Matriz de Confusión:')
print(conf_matrix)
```

Ejercicio 18: Regresión Logística con Scikit-Learn:

Utiliza la biblioteca Scikit-Learn para realizar regresión logística.
Entrena un modelo en el conjunto de entrenamiento y evalúalo en
el conjunto de prueba.

Solución:

```
from sklearn.linear_model import LogisticRegression

# Crear y entrenar un modelo de regresión logística con
Scikit-Learn
modelo_logistico_sklearn = LogisticRegression()
modelo_logistico_sklearn.fit(X_train_logistic,
y_train_logistic)

# Realizar predicciones en el conjunto de prueba
y_pred_logistic_sklearn =
modelo_logistico_sklearn.predict(X_test_logistic)

# Evaluar el rendimiento del modelo
accuracy_sklearn = accuracy_score(y_test_logistic,
y_pred_logistic_sklearn)
precision_sklearn = precision_score(y_test_logistic,
y_pred_logistic_sklearn)
recall_sklearn = recall_score(y_test_logistic,
y_pred_logistic_sklearn)
f1_sklearn = f1_score(y_test_logistic,
y_pred_logistic_sklearn)

print(f'Precisión (Scikit-Learn): {accuracy_sklearn:.2f}')
print(f'Recall (Scikit-Learn): {recall_sklearn:.2f}')
print(f'Precisión (Scikit-Learn): {precision_sklearn:.2f}')
print(f'F1-Score (Scikit-Learn): {f1_sklearn:.2f}')
```

Ejercicio 19: Regularización en Regresión Logística:

Experimenta con la regularización en la regresión logística. Utiliza Scikit-Learn para entrenar modelos de regresión logística con diferentes niveles de regularización (parámetro C).

Solución:

```python
# Crear y entrenar modelos de regresión logística con
diferentes niveles de regularización
modelo_logistico_reg1 = LogisticRegression(C=0.1)
modelo_logistico_reg2 = LogisticRegression(C=1)
modelo_logistico_reg3 = LogisticRegression(C=10)

modelo_logistico_reg1.fit(X_train_logistic, y_train_logistic)
modelo_logistico_reg2.fit(X_train_logistic, y_train_logistic)
modelo_logistico_reg3.fit(X_train_logistic, y_train_logistic)

# Realizar predicciones en el conjunto de prueba
y_pred_reg1 = modelo_logistico_reg1.predict(X_test_logistic)
y_pred_reg2 = modelo_logistico_reg2.predict(X_test_logistic)
y_pred_reg3 = modelo_logistico_reg3.predict(X_test_logistic)

# Evaluar el rendimiento de los modelos regularizados
accuracy_reg1 = accuracy_score(y_test_logistic, y_pred_reg1)
accuracy_reg2 = accuracy_score(y_test_logistic, y_pred_reg2)
accuracy_reg3 = accuracy_score(y_test_logistic, y_pred_reg3)

print(f'Precisión (Reg. 0.1): {accuracy_reg1:.2f}')
print(f'Precisión (Reg. 1): {accuracy_reg2:.2f}')
print(f'Precisión (Reg. 10): {accuracy_reg3:.2f}')
```

Ejercicio 20: Regresión Logística Multiclase:

Extiende la regresión logística para trabajar con clasificación multiclase. Utiliza Scikit-Learn para entrenar un modelo de regresión logística en un conjunto de datos con más de dos clases.

Solución:

```python
from sklearn.datasets import load_iris

# Cargar conjunto de datos de Iris
iris = load_iris()
X_multiclass = iris.data[:, :2] # Tomar solo las dos primeras
características para visualización
y_multiclass = iris.target

# Dividir el conjunto de datos en entrenamiento y prueba
X_train_multiclass, X_test_multiclass, y_train_multiclass,
y_test_multiclass = train_test_split(X_multiclass,
y_multiclass, test_size=0.2, random_state=42)

# Crear y entrenar un modelo de regresión logística multiclase
con Scikit-Learn
modelo_logistico_multiclass =
LogisticRegression(multi_class='multinomial', solver='lbfgs',
C=1)
modelo_logistico_multiclass.fit(X_train_multiclass,
y_train_multiclass)
```

```python
# Realizar predicciones en el conjunto de prueba
y_pred_multiclass =
modelo_logistico_multiclass.predict(X_test_multiclass)

# Evaluar el rendimiento del modelo
accuracy_multiclass = accuracy_score(y_test_multiclass,
y_pred_multiclass)
precision_multiclass = precision_score(y_test_multiclass,
y_pred_multiclass, average='weighted')
recall_multiclass = recall_score(y_test_multiclass,
y_pred_multiclass, average='weighted')
f1_multiclass = f1_score(y_test_multiclass, y_pred_multiclass,
average='weighted')

print(f'Precisión (Multiclase): {accuracy_multiclass:.2f}')
print(f'Precisión (Multiclase): {precision_multiclass:.2f}')
print(f'Recall (Multiclase): {recall_multiclass:.2f}')
print(f'F1-Score (Multiclase): {f1_multiclass:.2f}')
```

Ejercicio 21: Ajuste de Hiperparámetros en Regresión Logística:

Experimenta con diferentes valores de hiperparámetros (como el parámetro de regularización C) y observa cómo afectan el rendimiento del modelo. Utiliza Scikit-Learn y realiza un análisis comparativo de resultados.

Solución:

```
from sklearn.model_selection import GridSearchCV

# Definir una cuadrícula de hiperparámetros a explorar
parametros_grid = {'C': [0.001, 0.01, 0.1, 1, 10, 100]}

# Crear modelo de regresión logística
modelo_logistico = LogisticRegression()

# Utilizar GridSearchCV para encontrar los mejores
hiperparámetros
grid_search = GridSearchCV(modelo_logistico, parametros_grid,
cv=5, scoring='accuracy')
grid_search.fit(X_train_logistic, y_train_logistic)

# Obtener los mejores hiperparámetros y su rendimiento
mejores_parametros = grid_search.best_params_
rendimiento_mejores_parametros = grid_search.best_score_
```

```python
print(f'Mejores Hiperparámetros: {mejores_parametros}')
print(f'Rendimiento con Mejores Hiperparámetros:
{rendimiento_mejores_parametros:.2f}')
```

Ejercicio 22: Validación Cruzada en Regresión Logística:

Implementa la validación cruzada para evaluar el rendimiento del modelo de regresión logística. Utiliza Scikit-Learn y evalúa la precisión media y la desviación estándar del rendimiento a lo largo de diferentes pliegues de validación cruzada.

Solución:

```python
from sklearn.model_selection import cross_val_score

# Crear modelo de regresión logística
modelo_logistico = LogisticRegression(C=1)

# Realizar validación cruzada
resultados_cross_val = cross_val_score(modelo_logistico, X,
y.ravel(), cv=5, scoring='accuracy')

# Calcular precisión media y desviación estándar
precision_media = resultados_cross_val.mean()
desviacion_estandar = resultados_cross_val.std()

print(f'Precisión Media en Validación Cruzada:
{precision_media:.2f}')
print(f'Desviación Estándar en Validación Cruzada:
{desviacion_estandar:.2f}')
```

Ejercicio 23: Visualización de Frontera de Decisión:

Visualiza la frontera de decisión del modelo de regresión logística en un problema de clasificación bidimensional. Utiliza una paleta de colores para destacar las regiones predichas por el modelo.

Solución:

```python
from matplotlib.colors import ListedColormap

# Función para visualizar la frontera de decisión
def visualizar_frontera_decision(modelo, X, y, titulo):
 plt.figure(figsize=(8, 6))
 h = 0.02 # Paso del meshgrid
 x_min, x_max = X[:, 0].min() - 1, X[:, 0].max() + 1
 y_min, y_max = X[:, 1].min() - 1, X[:, 1].max() + 1
 xx, yy = np.meshgrid(np.arange(x_min, x_max, h),
np.arange(y_min, y_max, h))

 Z = modelo.predict(np.c_[xx.ravel(), yy.ravel()])
 Z = Z.reshape(xx.shape)

 cmap_fondo = ListedColormap(['#FFAAAA', '#AAAAFF'])
 plt.contourf(xx, yy, Z, cmap=cmap_fondo, alpha=0.3)

 cmap_puntos = ListedColormap(['#FF0000', '#0000FF'])
 plt.scatter(X[:, 0], X[:, 1], c=y, cmap=cmap_puntos,
edgecolors='k', s=50)
```

```python
    plt.title(titulo)
    plt.xlabel('Característica 1')
    plt.ylabel('Característica 2')
    plt.show()

# Entrenar modelo de regresión logística en el conjunto de
entrenamiento
modelo_logistico_decision = LogisticRegression(C=1)
modelo_logistico_decision.fit(X_train_logistic,
y_train_logistic)

# Visualizar la frontera de decisión
visualizar_frontera_decision(modelo_logistico_decision,
X_train_logistic, y_train_logistic, 'Frontera de Decisión
(Conjunto de Entrenamiento)')
```

Ejercicio 24: Regresión Logística con Datos No Lineales:

Genera un conjunto de datos con una relación no lineal entre las características y la variable objetivo. Luego, aplica regresión logística y observa cómo se adapta a este tipo de datos.

Solución:

```python
import numpy as np
from sklearn.model_selection import train_test_split
from sklearn.linear_model import LogisticRegression
import matplotlib.pyplot as plt

# Función para visualizar la frontera de decisión
def visualizar_frontera_decision(modelo, X, y):
    h = .02  # Tamaño de paso en la malla
    x_min, x_max = X[:, 0].min() - 1, X[:, 0].max() + 1
    y_min, y_max = X[:, 1].min() - 1, X[:, 1].max() + 1
    xx, yy = np.meshgrid(np.arange(x_min, x_max, h),
np.arange(y_min, y_max, h))

    Z = modelo.predict(np.c_[xx.ravel(), yy.ravel()])
    Z = Z.reshape(xx.shape)

    plt.contourf(xx, yy, Z, cmap=plt.cm.Paired, alpha=0.8)
    plt.scatter(X[:, 0], X[:, 1], c=y, cmap=plt.cm.Paired)
    plt.xlabel('Variable Independiente 1')
    plt.ylabel('Variable Independiente 2')
    plt.title('Frontera de Decisión')
    plt.show()

# Generar datos no lineales
```

```python
X_no_lineal = np.random.rand(100, 2)
y_no_lineal = (X_no_lineal[:, 0]**2 + X_no_lineal[:, 1]**2 <
0.5).astype(int)

# Dividir el conjunto de datos en entrenamiento y prueba
X_train_no_lineal, X_test_no_lineal, y_train_no_lineal,
y_test_no_lineal = train_test_split(X_no_lineal, y_no_lineal,
test_size=0.2, random_state=42)

# Entrenar modelo de regresión logística en el conjunto de
entrenamiento
modelo_logistico_no_lineal = LogisticRegression(C=1)
modelo_logistico_no_lineal.fit(X_train_no_lineal,
y_train_no_lineal)

# Visualizar la frontera de decisión en datos no lineales
visualizar_frontera_decision(modelo_logistico_no_lineal,
X_train_no_lineal, y_train_no_lineal)
```

En este código, la función `visualizar_frontera_decision` se utiliza para visualizar la frontera de decisión del modelo de regresión logística en datos no lineales. Asegúrate de ejecutar el código completo para obtener la visualización adecuada.

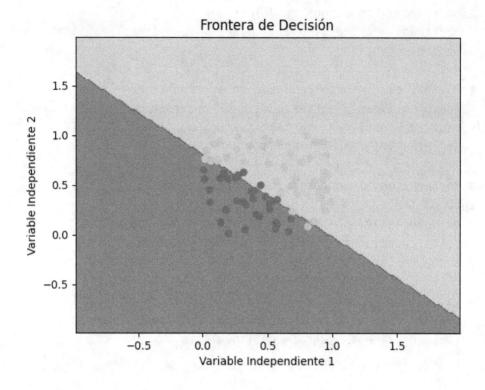

Frontera de Decisión

Ejercicio 25: Ajuste de Hiperparámetros en Regresión Logística:

Experimenta con diferentes valores de hiperparámetros (como el parámetro de regularización C) y observa cómo afectan el rendimiento del modelo. Utiliza Scikit-Learn y realiza un análisis comparativo de resultados.

Solución:

```
from sklearn.linear_model import LogisticRegression
from sklearn.model_selection import GridSearchCV

# Definir conjuntos de datos de entrenamiento (asegúrate de
tenerlos definidos)
# X_train_logistic, y_train_logistic

# Definir una cuadrícula de hiperparámetros a explorar
parametros_grid = {'C': [0.001, 0.01, 0.1, 1, 10, 100]}

# Crear modelo de regresión logística
modelo_logistico = LogisticRegression()

# Utilizar GridSearchCV para encontrar los mejores
hiperparámetros
grid_search = GridSearchCV(modelo_logistico, parametros_grid,
cv=5, scoring='accuracy')
grid_search.fit(X_train_logistic, y_train_logistic)

# Obtener los mejores hiperparámetros y su rendimiento
mejores_parametros = grid_search.best_params_
rendimiento_mejores_parametros = grid_search.best_score_
```

```
print(f'Mejores Hiperparámetros: {mejores_parametros}')
print(f'Rendimiento con Mejores Hiperparámetros:
{rendimiento_mejores_parametros:.2f}')
```

Este código utiliza GridSearchCV para buscar los mejores hiperparámetros para un modelo de regresión logística. Aquí hay algunas observaciones sobre el código:

Importaciones necesarias: Asegúrate de haber importado las bibliotecas necesarias al principio de tu script. En este caso, necesitas importar `LogisticRegression` y `GridSearchCV`:

```
from sklearn.linear_model import LogisticRegression

from sklearn.model_selection import GridSearchCV
```

Conjuntos de Datos de Entrenamiento: Asegúrate de que `X_train_logistic` y `y_train_logistic` estén definidos y tengan datos antes de ejecutar el código.
Definición de la Cuadrícula de Hiperparámetros: La cuadrícula de hiperparámetros que has definido incluye diferentes valores de `c`. `c` es el parámetro de regularización inversa, y los valores más pequeños de `c` indican una mayor regularización. Experimenta con diferentes valores de la cuadrícula según sea necesario para encontrar la mejor configuración.

Número de Pliegues en la Validación Cruzada (cv): En este caso, has utilizado $cv=5$, lo que significa que estás utilizando validación cruzada de 5 pliegues. Puedes ajustar este valor según sea necesario.

Ejercicio 26: Validación Cruzada en Regresión Logística:

Implementa la validación cruzada para evaluar el rendimiento del modelo de regresión logística. Utiliza Scikit-Learn y evalúa la precisión media y la desviación estándar del rendimiento a lo largo de diferentes pliegues de validación cruzada.

Solución:

```python
from sklearn.model_selection import cross_val_score

# Crear modelo de regresión logística
modelo_logistico = LogisticRegression(C=1)

# Realizar validación cruzada
resultados_cross_val = cross_val_score(modelo_logistico, X,
y.ravel(), cv=5, scoring='accuracy')

# Calcular precisión media y desviación estándar
precision_media = resultados_cross_val.mean()
desviacion_estandar = resultados_cross_val.std()

print(f'Precisión Media en Validación Cruzada:
{precision_media:.2f}')
print(f'Desviación Estándar en Validación Cruzada:
{desviacion_estandar:.2f}')
```

Este código utiliza `cross_val_score` para realizar validación cruzada en un modelo de regresión logística. Aquí hay algunas observaciones sobre el código:

Importaciones necesarias: Asegúrate de haber importado las bibliotecas necesarias al principio de tu script.

Necesitarás importar `LogisticRegression` y `cross_val_score`:

```
from sklearn.linear_model import LogisticRegression

from sklearn.model_selection import cross_val_score
```

Conjunto de Datos (X, y): Asegúrate de que `X` y `y` estén definidos y tengan datos antes de ejecutar el código.
Configuración del Modelo: Has creado un modelo de regresión logística con `C=1`. Puedes ajustar este valor según sea necesario.
Número de Pliegues en la Validación Cruzada (cv): En este caso, has utilizado `cv=5`, lo que significa que estás utilizando validación cruzada de 5 pliegues. Puedes ajustar este valor según sea necesario.

Ejercicio 27: Visualización de Frontera de Decisión:

Visualiza la frontera de decisión del modelo de regresión logística en un problema de clasificación bidimensional. Utiliza una paleta de colores para destacar las regiones predichas por el modelo.

Solución:

```python
import numpy as np

from sklearn.linear_model import LogisticRegression

from matplotlib.colors import ListedColormap

import matplotlib.pyplot as plt


# Definir conjuntos de datos de entrenamiento (asegúrate de
tenerlos definidos)
# X_train_logistic, y_train_logistic


# Función para visualizar la frontera de decisión
def visualizar_frontera_decision(modelo, X, y, titulo):
    plt.figure(figsize=(8, 6))
    h = 0.02  # Paso del meshgrid
    x_min, x_max = X[:, 0].min() - 1, X[:, 0].max() + 1
    y_min, y_max = X[:, 1].min() - 1, X[:, 1].max() + 1
    xx, yy = np.meshgrid(np.arange(x_min, x_max, h),
np.arange(y_min, y_max, h))
```

```python
Z = modelo.predict(np.c_[xx.ravel(), yy.ravel()])
Z = Z.reshape(xx.shape)


cmap_fondo = ListedColormap(['#FFAAAA', '#AAAAFF'])
plt.contourf(xx, yy, Z, cmap=cmap_fondo, alpha=0.3)


cmap_puntos = ListedColormap(['#FF0000', '#0000FF'])
plt.scatter(X[:, 0], X[:, 1], c=y, cmap=cmap_puntos,
edgecolors='k', s=50)


plt.title(titulo)
plt.xlabel('Característica 1')
plt.ylabel('Característica 2')
plt.show()


# Entrenar modelo de regresión logística en el conjunto de
entrenamiento
modelo_logistico_decision = LogisticRegression(C=1)
modelo_logistico_decision.fit(X_train_logistic,
y_train_logistic)


# Visualizar la frontera de decisión
```

```
visualizar_frontera_decision(modelo_logistico_decision,
X_train_logistic, y_train_logistic, 'Frontera de Decisión
(Conjunto de Entrenamiento)')
```

Este código utiliza una función para visualizar la frontera de
decisión de un modelo de regresión logística en un conjunto de
entrenamiento. Aquí hay algunas observaciones sobre el código:

Importaciones necesarias: Asegúrate de haber importado
las bibliotecas necesarias al principio de tu script.

Necesitarás importar `LogisticRegression` y
`ListedColormap`:

```
from sklearn.linear_model import LogisticRegression

from matplotlib.colors import ListedColormap
```

Conjunto de Datos (X_train_logistic, y_train_logistic):
Asegúrate de que `X_train_logistic` y
`y_train_logistic` estén definidos y tengan datos
antes de ejecutar el código.
Configuración del Modelo: Has creado un modelo de
regresión logística con `C=1`. Puedes ajustar este valor
según sea necesario.
Título de la Gráfica: Has proporcionado un título a la gráfica
llamado 'Frontera de Decisión (Conjunto de
Entrenamiento)'.

Colores en la Frontera y Puntos: Has utilizado colores específicos (`'#FFAAAA'`, `'#AAAAFF'` y `'#FF0000'`, `'#0000FF'`) para representar las clases y la frontera de decisión.

Tamaño de los Puntos y Bordes: Has establecido el tamaño de los puntos (`s=50`) y el color de los bordes de los puntos (`edgecolors='k'`).

Alpha en la Frontera de Decisión: Has utilizado `alpha=0.3` para controlar la transparencia de la zona de fondo en la frontera de decisión.

Visualización: La función `visualizar_frontera_decision` utiliza `plt.show()` para mostrar la gráfica.

Asegúrate de ejecutar el código con todos los elementos necesarios definidos. Aquí está el código completo con las importaciones sugeridas:

Ejercicio 28: Regresión Logística con Datos No Lineales:

Genera un conjunto de datos con una relación no lineal entre las características y la variable objetivo. Luego, aplica regresión logística y observa cómo se adapta a este tipo de datos.

```python
import numpy as np
from sklearn.model_selection import train_test_split
from sklearn.linear_model import LogisticRegression
import matplotlib.pyplot as plt
from matplotlib.colors import ListedColormap


# Función para visualizar la frontera de decisión
def visualizar_frontera_decision(modelo, X, y, titulo):
    plt.figure(figsize=(8, 6))
    h = 0.02  # Tamaño del paso en el meshgrid
    x_min, x_max = X[:, 0].min() - 1, X[:, 0].max() + 1
```

```python
    y_min, y_max = X[:, 1].min() - 1, X[:, 1].max() + 1
    xx, yy = np.meshgrid(np.arange(x_min, x_max, h),
np.arange(y_min, y_max, h))

    Z = modelo.predict(np.c_[xx.ravel(), yy.ravel()])
    Z = Z.reshape(xx.shape)

    cmap_fondo = ListedColormap(['#FFAAAA', '#AAAAFF'])
    plt.contourf(xx, yy, Z, cmap=cmap_fondo, alpha=0.3)

    cmap_puntos = ListedColormap(['#FF0000', '#0000FF'])
    plt.scatter(X[:, 0], X[:, 1], c=y, cmap=cmap_puntos,
edgecolors='k', s=50)

    plt.title(titulo)
    plt.xlabel('Característica 1')
    plt.ylabel('Característica 2')
    plt.show()


# Generar datos no lineales
X_no_lineal = np.random.rand(100, 2)
y_no_lineal = (X_no_lineal[:, 0]**2 + X_no_lineal[:, 1]**2 <
0.5).astype(int)


# Dividir el conjunto de datos en entrenamiento y prueba
```

```
X_train_no_lineal, X_test_no_lineal, y_train_no_lineal,
y_test_no_lineal = train_test_split(X_no_lineal, y_no_lineal,
test_size=0.2, random_state=42)


# Entrenar modelo de regresión logística en el conjunto de
entrenamiento
modelo_logistico_no_lineal = LogisticRegression(C=1)
modelo_logistico_no_lineal.fit(X_train_no_lineal,
y_train_no_lineal)


# Visualizar la frontera de decisión en datos no lineales
visualizar_frontera_decision(modelo_logistico_no_lineal,
X_train_no_lineal, y_train_no_lineal, 'Frontera de Decisión
(Datos No Lineales)')
```

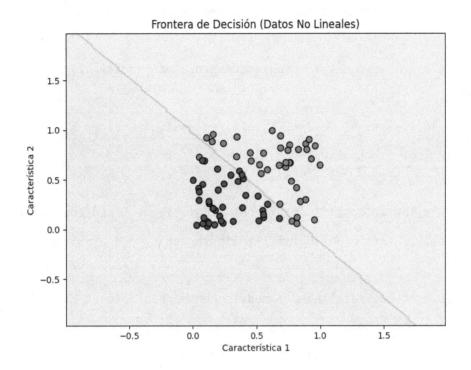

Frontera de Decisión (Datos No Lineales)

Ejercicio 29: Regresión Logística con Regularización L1:

Experimenta con la regularización L1 en regresión logística. Utiliza Scikit-Learn y observa cómo diferentes valores del parámetro de regularización afectan los coeficientes del modelo.

Solución:

```
from sklearn.linear_model import LogisticRegression
```

```python
# Crear y entrenar modelos de regresión logística con
regularización L1
modelo_logistico_l1_1 = LogisticRegression(penalty='l1', C=1,
solver='liblinear')
modelo_logistico_l1_10 = LogisticRegression(penalty='l1',
C=10, solver='liblinear')

modelo_logistico_l1_1.fit(X_train_logistic, y_train_logistic)
modelo_logistico_l1_10.fit(X_train_logistic, y_train_logistic)

# Obtener coeficientes del modelo con regularización L1
coef_l1_1 = modelo_logistico_l1_1.coef_[0]
coef_l1_10 = modelo_logistico_l1_10.coef_[0]

print(f'Coeficientes (Reg. L1, C=1): {coef_l1_1}')
print(f'Coeficientes (Reg. L1, C=10): {coef_l1_10}')
```

El código mostrado crea y entrena dos modelos de regresión logística con regularización L1, uno con `C=1` y otro con `C=10`. Luego, obtiene los coeficientes del modelo con regularización L1 para ambos casos. Aquí hay algunas observaciones sobre el código:

Regularización L1 con `penalty` y `solver`: Se ha especificado la regularización L1 mediante el parámetro `penalty='l1'` y el solucionador `solver='liblinear'`, que es adecuado para penalidades L1.

Parámetro de Regularización `C`: Se han utilizado dos valores diferentes para el parámetro de regularización `C`. Un valor más bajo (como `C=1`) implica una mayor regularización, mientras que un valor más alto (como `C=10`) implica menos regularización.

Entrenamiento de Modelos: Los modelos se entrenan en los conjuntos de entrenamiento (`X_train_logistic` y `y_train_logistic`).

Obtención de Coeficientes: Se obtienen los coeficientes del modelo para ambos casos de regularización L1.

Capítulo 4. Máquinas de Soporte Vectorial

Ejercicio 31: SVM con Kernel Lineal:

Entrena un modelo de SVM con kernel lineal en un conjunto de datos bidimensional y visualiza la frontera de decisión.

Solución:

```
from sklearn import svm
import matplotlib.pyplot as plt
import numpy as np

# Generar datos linealmente separables
np.random.seed(42)
X_linear = np.random.randn(50, 2)
y_linear = (X_linear[:, 0] + X_linear[:, 1] > 0).astype(int)

# Crear y entrenar un modelo SVM con kernel lineal
modelo_linear = svm.SVC(kernel='linear')
modelo_linear.fit(X_linear, y_linear)

# Visualizar la frontera de decisión
plt.scatter(X_linear[:, 0], X_linear[:, 1], c=y_linear,
cmap='viridis', marker='o')
ax = plt.gca()
xlim = ax.get_xlim()
ylim = ax.get_ylim()

# Crear una cuadrícula para evaluar el modelo
xx, yy = np.meshgrid(np.linspace(xlim[0], xlim[1], 50),
 np.linspace(ylim[0], ylim[1], 50))
Z = modelo_linear.decision_function(np.c_[xx.ravel(),
yy.ravel()])
```

```
# Visualizar la frontera y los márgenes de decisión
Z = Z.reshape(xx.shape)
plt.contour(xx, yy, Z, colors='k', levels=[-1, 0, 1],
alpha=0.5, linestyles=['--', '-', '--'])
plt.title('SVM con Kernel Lineal')
plt.xlabel('Característica 1')
plt.ylabel('Característica 2')
plt.show()
```

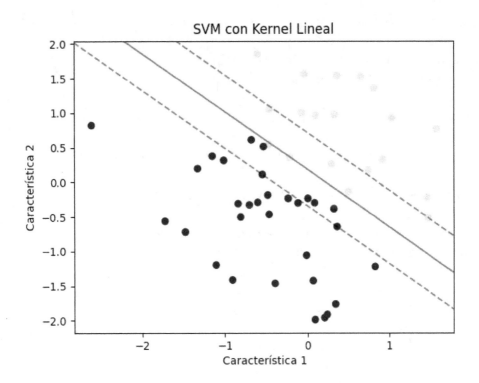

Ejercicio 32: SVM con Kernel RBF:

Entrena un modelo de SVM con kernel RBF (Radial Basis Function) en un conjunto de datos bidimensional y visualiza la frontera de decisión.

Solución:

```
import numpy as np
import matplotlib.pyplot as plt
from sklearn import svm

# Generar datos no linealmente separables
X_nonlinear = 0.8 * np.random.randn(100, 2)
angle = np.pi / 4
rotation_matrix = np.array([[np.cos(angle), -np.sin(angle)],
[np.sin(angle), np.cos(angle)]])
X_nonlinear_rotated = X_nonlinear.dot(rotation_matrix)
y_nonlinear = (X_nonlinear_rotated[:, 0]**2 +
X_nonlinear_rotated[:, 1]**2 > 0.6).astype(int)

# Crear y entrenar un modelo SVM con kernel RBF
modelo_rbf = svm.SVC(kernel='rbf', gamma='auto')
modelo_rbf.fit(X_nonlinear_rotated, y_nonlinear)

# Visualizar la frontera de decisión
plt.scatter(X_nonlinear_rotated[:, 0], X_nonlinear_rotated[:,
1], c=y_nonlinear, cmap='viridis', marker='o')
ax = plt.gca()
xlim = ax.get_xlim()
ylim = ax.get_ylim()

# Crear una cuadrícula para evaluar el modelo
xx, yy = np.meshgrid(np.linspace(xlim[0], xlim[1], 50),
```

```
                np.linspace(ylim[0], ylim[1], 50))
Z = modelo_rbf.decision_function(np.c_[xx.ravel(),
yy.ravel()])

# Visualizar la frontera y los márgenes de decisión
Z = Z.reshape(xx.shape)
plt.contour(xx, yy, Z, colors='k', levels=[-1, 0, 1],
alpha=0.5, linestyles=['--', '-', '--'])
plt.title('SVM con Kernel RBF')
plt.xlabel('Característica 1')
plt.ylabel('Característica 2')
plt.show()
```

El código mostrado genera datos no linealmente separables, rota los datos y entrena un modelo SVM con un kernel RBF (Radial Basis Function). Luego, visualiza la frontera de decisión y los márgenes de decisión del modelo SVM. Aquí hay algunas observaciones sobre el código:

> Generación de Datos No Linealmente Separables: Se generan datos no linealmente separables mediante una rotación de datos aleatorios.
> Modelo SVM con Kernel RBF: Se crea un modelo SVM (`svc`) con kernel RBF utilizando `kernel='rbf'` y `gamma='auto'`.
> Visualización de la Frontera de Decisión: Se utiliza `decision_function` para obtener los valores de decisión en una cuadrícula y se visualiza la frontera de decisión y los márgenes de decisión.

Configuración de la Visualización: Se utiliza la función `contour` para visualizar las líneas de nivel de la frontera de decisión y los márgenes.

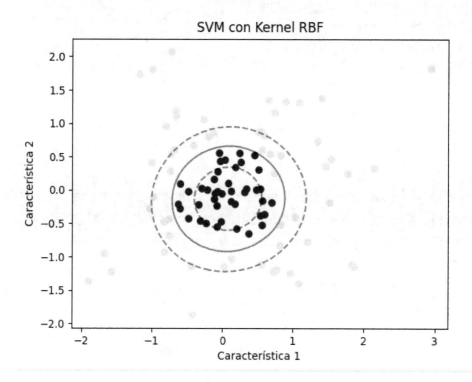

SVM con Kernel RBF

Ejercicio 33: SVM con Datos No Lineales:

Crea un conjunto de datos no linealmente separable y entrena un modelo de SVM con kernel polinómico en él.

Solución:

```
import numpy as np
import matplotlib.pyplot as plt
from sklearn import svm

# Generar datos no linealmente separables
X_nonlinear_poly = np.random.randn(100, 2)
y_nonlinear_poly = (X_nonlinear_poly[:, 0]**2 +
X_nonlinear_poly[:, 1]**2 > 1).astype(int)

# Crear y entrenar un modelo SVM con kernel polinómico
modelo_poly = svm.SVC(kernel='poly', degree=3, gamma='auto')
modelo_poly.fit(X_nonlinear_poly, y_nonlinear_poly)

# Visualizar la frontera de decisión
plt.scatter(X_nonlinear_poly[:, 0], X_nonlinear_poly[:, 1],
c=y_nonlinear_poly, cmap='viridis', marker='o')
ax = plt.gca()
```

```python
xlim = ax.get_xlim()
ylim = ax.get_ylim()

# Crear una cuadrícula para evaluar el modelo
xx, yy = np.meshgrid(np.linspace(xlim[0], xlim[1], 50),
                     np.linspace(ylim[0], ylim[1], 50))
Z = modelo_poly.decision_function(np.c_[xx.ravel(),
yy.ravel()])

# Visualizar la frontera y los márgenes de decisión
Z = Z.reshape(xx.shape)
plt.contour(xx, yy, Z, colors='k', levels=[-1, 0, 1],
alpha=0.5, linestyles=['--', '-', '--'])
plt.title('SVM con Kernel Polinómico')
plt.xlabel('Característica 1')
plt.ylabel('Característica 2')
plt.show()
```

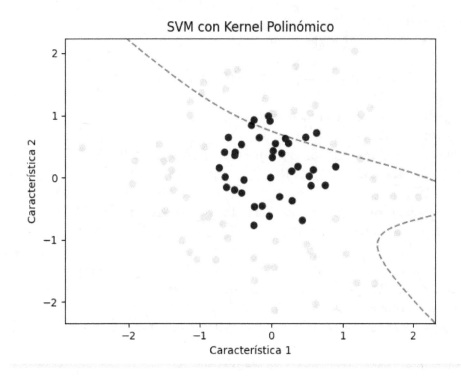

SVM con Kernel Polinómico

Ejercicio 34: SVM con Datos Desbalanceados:

Crea un conjunto de datos desbalanceado y entrena un modelo de
SVM, ajustando el parámetro `class_weight` para manejar el
desbalanceo.

Solución:

```python
import numpy as np
import matplotlib.pyplot as plt
from sklearn import svm
from sklearn.datasets import make_classification

# Generar datos desbalanceados
X_imbalanced, y_imbalanced =
make_classification(n_samples=100, n_features=2,
n_informative=2,

n_redundant=0, n_clusters_per_class=1, weights=[0.95],
flip_y=0, random_state=42)

# Crear y entrenar un modelo SVM ajustando class_weight
modelo_imbalanced = svm.SVC(kernel='linear',
class_weight='balanced')
modelo_imbalanced.fit(X_imbalanced, y_imbalanced)

# Visualizar la frontera de decisión
plt.scatter(X_imbalanced[:, 0], X_imbalanced[:, 1],
c=y_imbalanced, cmap='viridis', marker='o')
ax = plt.gca()
xlim = ax.get_xlim()
ylim = ax.get_ylim()

# Crear una cuadrícula para evaluar el modelo
xx, yy = np.meshgrid(np.linspace(xlim[0], xlim[1], 50),
                     np.linspace(ylim[0], ylim[1], 50))
Z = modelo_imbalanced.decision_function(np.c_[xx.ravel(),
yy.ravel()])

# Visualizar la frontera y los márgenes de decisión
Z = Z.reshape(xx.shape)
plt.contour(xx, yy, Z, colors='k', levels=[-1, 0, 1],
alpha=0.5, linestyles=['--', '-', '--'])
plt.title('SVM con Datos Desbalanceados')
plt.xlabel('Característica 1')
plt.ylabel('Característica 2')
```

```
plt.show()
```

El código mostrado genera datos desbalanceados y entrena un modelo SVM ajustando el peso de las clases con `class_weight='balanced'`. Luego, visualiza la frontera de decisión y los márgenes de decisión del modelo SVM. Aquí hay algunas observaciones sobre el código:

> Generación de Datos Desbalanceados: Se utilizó la función `make_classification` de scikit-learn para generar datos desbalanceados con una clase dominante (peso de la clase dominante: 0.95).
>
> Modelo SVM con Ajuste de Peso de Clases: Se crea un modelo SVM (`svc`) con kernel lineal y se ajusta el peso de las clases utilizando `class_weight='balanced'`.
>
> Visualización de la Frontera de Decisión: Se utiliza `decision_function` para obtener los valores de decisión en una cuadrícula y se visualiza la frontera de decisión y los márgenes de decisión.
>
> Configuración de la Visualización: Se utiliza la función `contour` para visualizar las líneas de nivel de la frontera de decisión y los márgenes.

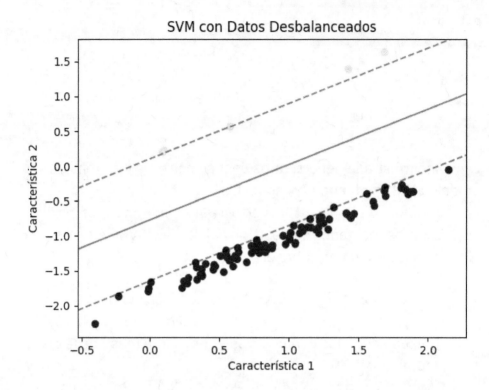

SVM con Datos Desbalanceados

Ejercicio 35: Ajuste de Hiperparámetros en SVM:

Utiliza GridSearchCV para encontrar los mejores hiperparámetros en un modelo SVM con kernel RBF.

```
from sklearn.model_selection import GridSearchCV
from sklearn import svm

# Definir parámetros a explorar en la búsqueda de cuadrícula
```

```
parametros_grid = {'C': [0.1, 1, 10], 'gamma': [0.1, 1, 10]}

# Crear modelo SVM con kernel RBF
modelo_rbf_grid = svm.SVC(kernel='rbf')

# Configurar búsqueda de cuadrícula con validación cruzada
grid_search = GridSearchCV(modelo_rbf_grid, parametros_grid,
cv=5, scoring='accuracy')

# Entrenar el modelo con la búsqueda de cuadrícula
grid_search.fit(X_nonlinear_rotated, y_nonlinear)

# Obtener los mejores hiperparámetros y su rendimiento
mejores_parametros_svm = grid_search.best_params_
rendimiento_mejores_parametros_svm = grid_search.best_score_

print(f'Mejores Hiperparámetros: {mejores_parametros_svm}')
print(f'Rendimiento con Mejores Hiperparámetros:
{rendimiento_mejores_parametros_svm:.2f}')
```

El código que proporcionaste realiza una búsqueda de cuadrícula (Grid Search) para encontrar los mejores hiperparámetros (c y gamma) para un modelo SVM con kernel RBF. Aquí hay algunas observaciones sobre el código:

Definición de Parámetros a Explorar: Se define una cuadrícula de parámetros con diferentes valores de c y gamma que se explorarán durante la búsqueda de cuadrícula. Creación del Modelo SVM con Kernel RBF: Se crea un modelo SVM con kernel RBF sin especificar los hiperparámetros.
Configuración de la Búsqueda de Cuadrícula: Se utiliza GridSearchCV para configurar la búsqueda de cuadrícula. Se especifica el modelo SVM, los parámetros a explorar, el

número de divisiones para la validación cruzada (`cv=5`), y la métrica de evaluación (`scoring='accuracy'`).

Entrenamiento del Modelo con Búsqueda de Cuadrícula: Se entrena el modelo SVM con la búsqueda de cuadrícula utilizando los datos `X_nonlinear_rotated` y `y_nonlinear`.

Obtención de los Mejores Hiperparámetros y Rendimiento: Se obtienen los mejores hiperparámetros y su rendimiento en términos de precisión durante la validación cruzada.

Ejercicio 36: SVM con Kernel Sigmoide:

Entrena un modelo SVM con kernel sigmoide en un conjunto de datos bidimensional y visualiza la frontera de decisión.

```python
import numpy as np

import matplotlib.pyplot as plt

from sklearn import svm


# Generar datos no linealmente separables
```

```python
X_sigmoid = 2 * np.random.randn(100, 2)
y_sigmoid = (X_sigmoid[:, 0] + X_sigmoid[:, 1] >
0).astype(int)


# Crear y entrenar un modelo SVM con kernel sigmoide
modelo_sigmoid = svm.SVC(kernel='sigmoid', gamma='auto')
modelo_sigmoid.fit(X_sigmoid, y_sigmoid)


# Visualizar la frontera de decisión
plt.scatter(X_sigmoid[:, 0], X_sigmoid[:, 1], c=y_sigmoid,
cmap='viridis', marker='o')
ax = plt.gca()
xlim = ax.get_xlim()
ylim = ax.get_ylim()


# Crear una cuadrícula para evaluar el modelo
xx, yy = np.meshgrid(np.linspace(xlim[0], xlim[1], 50),
                     np.linspace(ylim[0], ylim[1], 50))
Z = modelo_sigmoid.decision_function(np.c_[xx.ravel(),
yy.ravel()])


# Visualizar la frontera y los márgenes de decisión
Z = Z.reshape(xx.shape)
plt.contour(xx, yy, Z, colors='k', levels=[-1, 0, 1],
alpha=0.5, linestyles=['--', '-', '--'])
```

```
plt.title('SVM con Kernel Sigmoide')
plt.xlabel('Característica 1')
plt.ylabel('Característica 2')
plt.show()
```

El código mostrado genera datos no linealmente separables y
entrena un modelo SVM con kernel sigmoide. Luego, visualiza la
frontera de decisión y los márgenes de decisión del modelo SVM.
Aquí hay algunas observaciones sobre el código:

> Generación de Datos no Linealmente Separables: Se
> generan datos no linealmente separables utilizando la
> función `randn` de NumPy. La etiqueta `y_sigmoid` se asigna
> en función de si la suma de las características
> `X_sigmoid[:, 0]` y `X_sigmoid[:, 1]` es mayor que cero.
> Creación y Entrenamiento del Modelo SVM con Kernel
> Sigmoide: Se crea un modelo SVM con kernel sigmoide
> utilizando `svm.SVC(kernel='sigmoid', gamma='auto')` y
> se entrena con los datos generados.
> Visualización de la Frontera de Decisión: Se visualiza la
> frontera de decisión y los márgenes de decisión utilizando
> la función `decision_function` para obtener los valores de
> decisión en una cuadrícula.

Configuración de la Visualización: Se utiliza la función `contour` para visualizar las líneas de nivel de la frontera de decisión y los márgenes.

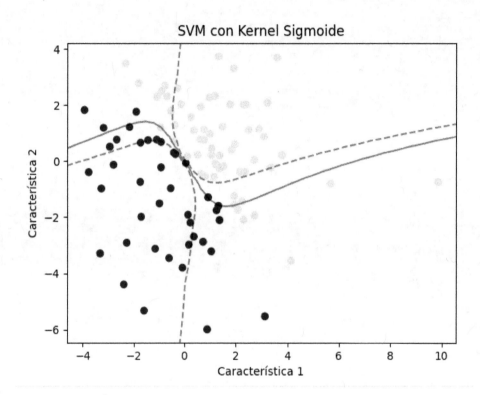

SVM con Kernel Sigmoide

Ejercicio 37: SVM para Clasificación Multi-Clase:

Extiende el uso de SVM para manejar problemas de clasificación multi-clase utilizando el conjunto de datos Iris.

Solución:

```python
from sklearn import datasets
import numpy as np
import matplotlib.pyplot as plt
from sklearn import svm

# Cargar el conjunto de datos Iris
iris = datasets.load_iris()
X_iris = iris.data[:, :2]  # Tomar solo dos características
para visualización
y_iris = iris.target

# Crear y entrenar un modelo SVM para clasificación
multi-clase
modelo_multi_clase = svm.SVC(kernel='linear',
decision_function_shape='ovr')
modelo_multi_clase.fit(X_iris, y_iris)

# Visualizar la frontera de decisión
plt.scatter(X_iris[:, 0], X_iris[:, 1], c=y_iris,
cmap='viridis', marker='o')
ax = plt.gca()
xlim = ax.get_xlim()
ylim = ax.get_ylim()

# Crear una cuadrícula para evaluar el modelo
xx, yy = np.meshgrid(np.linspace(xlim[0], xlim[1], 50),
                     np.linspace(ylim[0], ylim[1], 50))
Z = modelo_multi_clase.decision_function(np.c_[xx.ravel(),
yy.ravel()])
```

```
# Visualizar la frontera y los márgenes de decisión
Z = Z.reshape(xx.shape)
plt.contour(xx, yy, Z, colors='k', levels=[-1, 0, 1],
alpha=0.5, linestyles=['--', '-', '--'])
plt.title('SVM para Clasificación Multi-Clase')
plt.xlabel('Característica 1')
plt.ylabel('Característica 2')
plt.show()
```

El código que proporcionaste carga el conjunto de datos Iris, toma solo dos características para visualización, crea y entrena un modelo SVM para clasificación multi-clase utilizando el esquema "uno contra uno" (`decision_function_shape='ovr'`), y luego visualiza la frontera de decisión del modelo. Aquí hay algunas observaciones sobre el código:

Carga del Conjunto de Datos Iris: Se utiliza la función `load_iris` de scikit-learn para cargar el conjunto de datos Iris. Luego, se seleccionan las primeras dos características (`X_iris = iris.data[:, :2]`) para propósitos de visualización.

Creación y Entrenamiento del Modelo SVM para Clasificación Multi-Clase: Se crea un modelo SVM para clasificación multi-clase con kernel lineal y el esquema "uno contra uno". El modelo se entrena con las características `X_iris` y las etiquetas `y_iris`.

Visualización de la Frontera de Decisión: Se visualiza la frontera de decisión y los márgenes utilizando la función `decision_function`. Se crea una cuadrícula para evaluar el modelo en un espacio bidimensional.

Configuración de la Visualización: Se utiliza la función
`contour` para visualizar las líneas de nivel de la frontera de
decisión y los márgenes.

Ejercicio 38: SVM con Regularización C Variada:

Experimenta con diferentes valores del parámetro de
regularización C en un modelo SVM con kernel RBF.

Solución:

```
# Generar datos no linealmente separables
X_varied_C = np.random.randn(100, 2)
y_varied_C = (X_varied_C[:, 0]**2 + X_varied_C[:, 1]**2 >
1).astype(int)

# Crear y entrenar modelos SVM con kernel RBF para diferentes
valores de C
valores_C = [0.1, 1, 100]
modelos_varied_C = [svm.SVC(kernel='rbf', C=C,
gamma='auto').fit(X_varied_C, y_varied_C) for C in valores_C]

# Visualizar la frontera de decisión para diferentes valores
de C
plt.figure(figsize=(12, 4))
for i, modelo in enumerate(modelos_varied_C, 1):
 plt.subplot(1, 3, i)
 plt.scatter(X_varied_C[:, 0], X_varied_C[:, 1], c=y_varied_C,
cmap='viridis', marker='o')
 ax = plt.gca()
 xlim = ax.get_xlim()
```

```python
    ylim = ax.get_ylim()

    # Crear una cuadrícula para evaluar el modelo
    xx, yy = np.meshgrid(np.linspace(xlim[0], xlim[1], 50),
    np.linspace(ylim[0], ylim[1], 50))
    Z = modelo.decision_function(np.c_[xx.ravel(), yy.ravel()])

    # Visualizar la frontera y los márgenes de decisión
    Z = Z.reshape(xx.shape)
    plt.contour(xx, yy, Z, colors='k', levels=[-1, 0, 1],
    alpha=0.5, linestyles=['--', '-', '--'])
    plt.title(f'SVM con C = {valores_C[i-1]}')
    plt.xlabel('Característica 1')
    plt.ylabel('Característica 2')

plt.tight_layout()
plt.show()
```

Ejercicio 39: SVM con Datos No Lineales y Regularización:

Genera un conjunto de datos no lineales y entrena un modelo SVM con kernel polinómico, ajustando la regularización.

```
# Generar datos no linealmente separables

X_nonlinear_poly_reg = np.random.randn(100, 2)

y_nonlinear_poly_reg = (X_nonlinear_poly_reg[:, 0]**2 +
X_nonlinear_poly_reg[:, 1]**2 > 1).astype(int)
```

```
# Crear y entrenar modelos SVM con kernel polinómico para
diferentes valores de C

valores_C_poly_reg = [0.1, 1, 10]

modelos_poly_reg = [svm.SVC(kernel='poly', degree=3, C=C,
gamma='auto').fit(X_nonlinear_poly_reg, y_nonlinear_poly_reg)
for C in valores_C_poly_reg]
```

```python
# Visualizar la frontera de decisión para diferentes valores
de C

plt.figure(figsize=(12, 4))

for i, modelo in enumerate(modelos_poly_reg, 1):

 plt.subplot(1, 3, i)

 plt.scatter(X_nonlinear_poly_reg[:, 0],
X_nonlinear_poly_reg[:, 1], c=y_nonlinear_poly_reg,
cmap='viridis', marker='o')

 ax = plt.gca()

 xlim = ax.get_xlim()

 ylim = ax.get_ylim()


 # Crear una cuadrícula para evaluar el modelo

 xx, yy = np.meshgrid(np.linspace(xlim[0], xlim[1], 50),

 np.linspace(ylim[0], ylim[1], 50))

 Z = modelo.decision_function(np.c_[xx.ravel(), yy.ravel()])


 # Visualizar la frontera y los márgenes de decisión

 Z = Z.reshape(xx.shape)

 plt.contour(xx, yy, Z, colors='k', levels=[-1, 0, 1],
alpha=0.5, linestyles=['--', '-', '--'])
```

```python
plt.title(f'SVM con C = {valores_C_poly_reg[i-1]}')

plt.xlabel('Característica 1')

plt.ylabel('Característica 2')


plt.tight_layout()

plt.show()
```

El código mostrado genera datos no linealmente separables y luego entrena modelos SVM con kernel polinómico para diferentes valores de C. A continuación, visualiza la frontera de decisión para cada modelo con diferentes valores de C.

Este código utiliza la biblioteca `scikit-learn` para crear y entrenar modelos SVM con kernel polinómico para diferentes valores de C. Luego, visualiza la frontera de decisión y los márgenes de cada modelo en una cuadrícula.

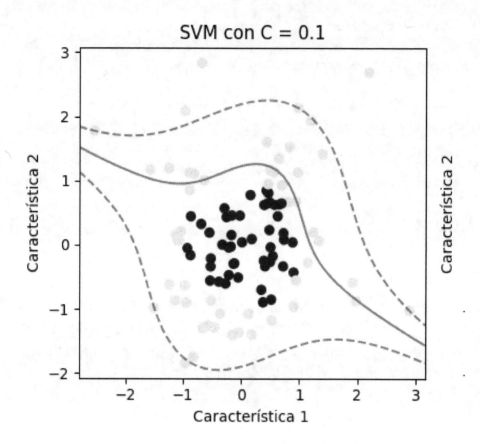

SVM con C = 0.1

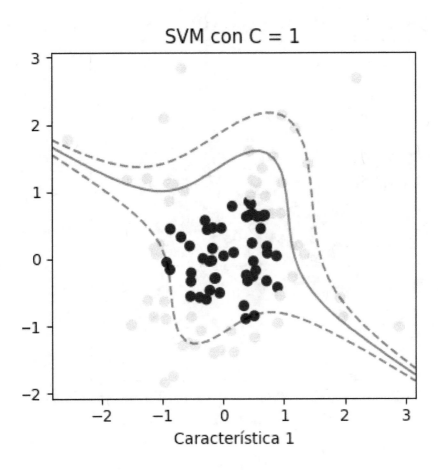

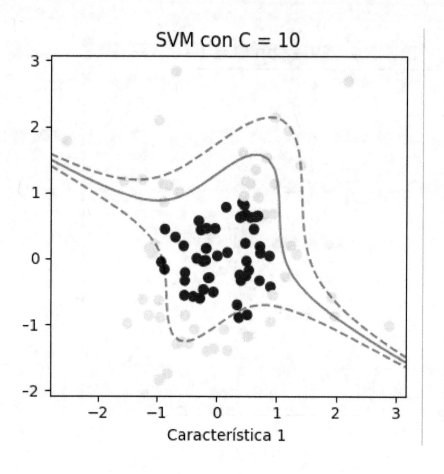

Ejercicio 40: SVM con Datos No Lineales y Ajuste de Hiperparámetros:

Utiliza GridSearchCV para encontrar los mejores hiperparámetros en un modelo SVM con kernel polinómico en un conjunto de datos no lineales.

Solución:

```
from sklearn.model_selection import GridSearchCV
from sklearn import svm

# Definir parámetros a explorar en la búsqueda de cuadrícula
parametros_grid_poly = {'C': [0.1, 1, 10], 'gamma': [0.1, 1,
10], 'degree': [2, 3, 4]}

# Crear modelo SVM con kernel polinómico
modelo_poly_grid = svm.SVC(kernel='poly')

# Configurar búsqueda de cuadrícula con validación cruzada
grid_search_poly = GridSearchCV(modelo_poly_grid,
parametros_grid_poly, cv=5, scoring='accuracy')

# Entrenar el modelo con la búsqueda de cuadrícula
grid_search_poly.fit(X_nonlinear_poly_reg,
y_nonlinear_poly_reg)

# Obtener los mejores hiperparámetros y su rendimiento
mejores_parametros_svm_poly = grid_search_poly.best_params_
rendimiento_mejores_parametros_svm_poly =
grid_search_poly.best_score_
```

```
print(f'Mejores Hiperparámetros:
{mejores_parametros_svm_poly}')
print(f'Rendimiento con Mejores Hiperparámetros:
{rendimiento_mejores_parametros_svm_poly:.2f}')
```

Este código utiliza la función `GridSearchCV` de scikit-learn para explorar diferentes combinaciones de hiperparámetros y encuentra aquellas que maximizan la precisión (o cualquier otra métrica especificada) a través de la validación cruzada. Luego, imprime los mejores hiperparámetros y su rendimiento asociado.

Asegúrate de tener los datos `X_nonlinear_poly_reg` y `y_nonlinear_poly_reg` definidos antes de ejecutar este código. Además, ajusta los parámetros según sea necesario para adaptarse a tus necesidades específicas.

Capítulo 5. Ejercicios de Aprendizaje No Supervisado.

Ejercicio 41. Clustering con K-Means:

Vamos a utilizar el algoritmo de clustering K-Means en un conjunto de datos generado aleatoriamente.

Solución:

```python
import numpy as np
import matplotlib.pyplot as plt
from sklearn.cluster import KMeans
from sklearn.datasets import make_blobs

# Generar un conjunto de datos con tres clusters
X, y = make_blobs(n_samples=300, centers=3, random_state=42)

# Crear y entrenar el modelo K-Means
modelo_kmeans = KMeans(n_clusters=3, random_state=42)
modelo_kmeans.fit(X)

# Obtener las etiquetas de cluster asignadas a cada punto de
datos
etiquetas_clusters = modelo_kmeans.labels_

# Visualizar el conjunto de datos y los clusters encontrados
```

```
plt.scatter(X[:, 0], X[:, 1], c=etiquetas_clusters,
cmap='viridis', edgecolors='k')
plt.scatter(modelo_kmeans.cluster_centers_[:, 0],
modelo_kmeans.cluster_centers_[:, 1], marker='X', s=200,
color='red', label='Centroides')
plt.title('Clustering con K-Means')
plt.xlabel('Característica 1')
plt.ylabel('Característica 2')
plt.legend()
plt.show()
```

En este ejercicio:

> Generamos un conjunto de datos con tres clusters
> utilizando `make_blobs`.
> Creamos y entrenamos un modelo K-Means con
> `n_clusters=3`.
> Obtenemos las etiquetas de cluster asignadas a cada punto
> de datos con `modelo_kmeans.labels_`.
> Visualizamos el conjunto de datos coloreando los puntos
> según los clusters encontrados y marcamos los centroides
> de los clusters en rojo.

Este ejercicio básico te proporciona una introducción práctica al
clustering con el algoritmo K-Means. Puedes experimentar
cambiando la cantidad de clusters (`n_clusters`) y explorando
cómo afecta la asignación de clusters.

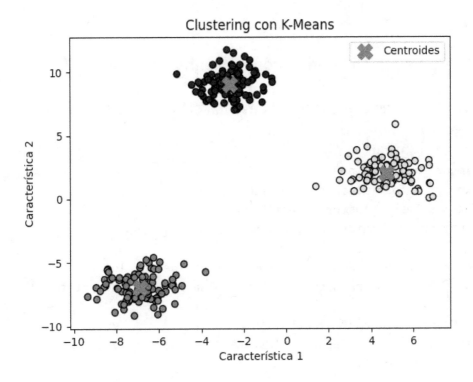

Ejercicio 42. Clustering con K-Means (Variante 1):

Vamos a generar un conjunto de datos más complejo y utilizar K-Means para encontrar los clusters.

```python
import numpy as np
import matplotlib.pyplot as plt
from sklearn.cluster import KMeans
from sklearn.datasets import make_moons

# Generar un conjunto de datos en forma de dos lunas
X, y = make_moons(n_samples=200, noise=0.05, random_state=42)

# Crear y entrenar el modelo K-Means
modelo_kmeans = KMeans(n_clusters=2, random_state=42)
modelo_kmeans.fit(X)

# Obtener las etiquetas de cluster asignadas a cada punto de
datos
etiquetas_clusters = modelo_kmeans.labels_

# Visualizar el conjunto de datos y los clusters encontrados
plt.scatter(X[:, 0], X[:, 1], c=etiquetas_clusters,
cmap='viridis', edgecolors='k')
plt.scatter(modelo_kmeans.cluster_centers_[:, 0],
modelo_kmeans.cluster_centers_[:, 1], marker='X', s=200,
color='red', label='Centroides')
plt.title('Clustering con K-Means en forma de dos lunas')
plt.xlabel('Característica 1')
plt.ylabel('Característica 2')
plt.legend()
plt.show()
```

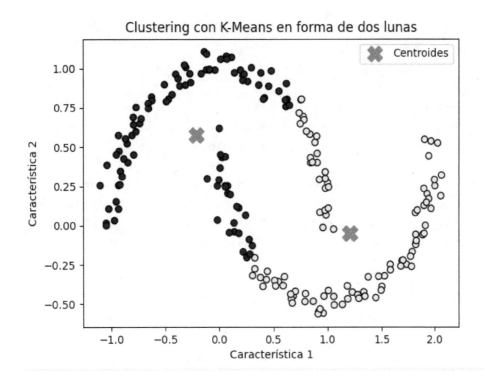

Clustering con K-Means en forma de dos lunas

Ejercicio 43. Clustering con K-Means (Variante 2):

Ahora, generaremos un conjunto de datos con clusters de diferentes densidades.

```python
import numpy as np
import matplotlib.pyplot as plt
from sklearn.cluster import KMeans
from sklearn.datasets import make_blobs

# Generar un conjunto de datos con clusters de diferentes
densidades
X, y = make_blobs(n_samples=300, centers=[(-5, -5), (0, 0),
(5, 5)], cluster_std=[1, 0.5, 1.5], random_state=42)

# Crear y entrenar el modelo K-Means
modelo_kmeans = KMeans(n_clusters=3, random_state=42)
modelo_kmeans.fit(X)

# Obtener las etiquetas de cluster asignadas a cada punto de
datos
etiquetas_clusters = modelo_kmeans.labels_

# Visualizar el conjunto de datos y los clusters encontrados
plt.scatter(X[:, 0], X[:, 1], c=etiquetas_clusters,
cmap='viridis', edgecolors='k')
plt.scatter(modelo_kmeans.cluster_centers_[:, 0],
modelo_kmeans.cluster_centers_[:, 1], marker='X', s=200,
color='red', label='Centroides')
plt.title('Clustering con K-Means en clusters de diferentes
densidades')
plt.xlabel('Característica 1')
plt.ylabel('Característica 2')
plt.legend()
plt.show()
```

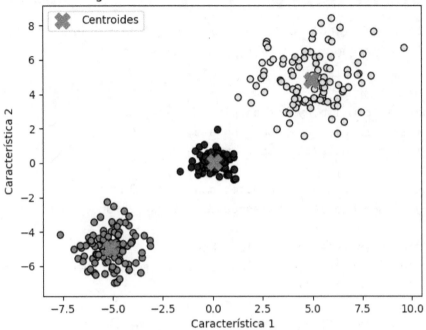

Clustering con K-Means en clusters de diferentes densidades

124

Ejercicio 44. Clustering con K-Means (Variante 3):

Generaremos un conjunto de datos más grande y utilizaremos K-Means para identificar clusters.

```
import numpy as np
import matplotlib.pyplot as plt
from sklearn.cluster import KMeans
from sklearn.datasets import make_blobs

# Generar un conjunto de datos con cinco clusters
X, y = make_blobs(n_samples=500, centers=5, random_state=42)

# Crear y entrenar el modelo K-Means
modelo_kmeans = KMeans(n_clusters=5, random_state=42)
modelo_kmeans.fit(X)

# Obtener las etiquetas de cluster asignadas a cada punto de
datos
etiquetas_clusters = modelo_kmeans.labels_

# Visualizar el conjunto de datos y los clusters encontrados
plt.scatter(X[:, 0], X[:, 1], c=etiquetas_clusters,
cmap='viridis', edgecolors='k')
plt.scatter(modelo_kmeans.cluster_centers_[:, 0],
modelo_kmeans.cluster_centers_[:, 1], marker='X', s=200,
color='red', label='Centroides')
plt.title('Clustering con K-Means en cinco clusters')
plt.xlabel('Característica 1')
plt.ylabel('Característica 2')
plt.legend()
plt.show()
```

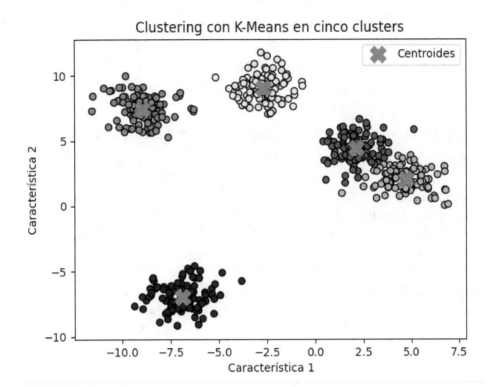

Clustering con K-Means en cinco clusters

Ejercicio 45. Clustering con K-Means (Variante 4):

Vamos a crear un conjunto de datos en forma de anillo y utilizar K-Means para ver cómo se comporta.

```python
import numpy as np
import matplotlib.pyplot as plt
from sklearn.cluster import KMeans
from sklearn.datasets import make_circles

# Generar un conjunto de datos en forma de anillo
X, y = make_circles(n_samples=300, factor=0.5, noise=0.05,
random_state=42)

# Crear y entrenar el modelo K-Means
modelo_kmeans = KMeans(n_clusters=2, random_state=42)
modelo_kmeans.fit(X)

# Obtener las etiquetas de cluster asignadas a cada punto de
datos
etiquetas_clusters = modelo_kmeans.labels_

# Visualizar el conjunto de datos y los clusters encontrados
plt.scatter(X[:, 0], X[:, 1], c=etiquetas_clusters,
cmap='viridis', edgecolors='k')
plt.scatter(modelo_kmeans.cluster_centers_[:, 0],
modelo_kmeans.cluster_centers_[:, 1], marker='X', s=200,
color='red', label='Centroides')
plt.title('Clustering con K-Means en forma de anillo')
plt.xlabel('Característica 1')
plt.ylabel('Característica 2')
plt.legend()
```

```
plt.show()
```

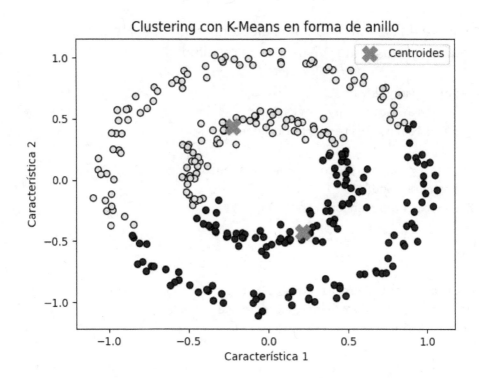

Clustering con K-Means en forma de anillo

Ejercicio 46: Clustering con K-Means en Conjunto de Datos Aleatorio:

Genera un conjunto de datos aleatorio y utiliza K-Means para realizar el clustering. Visualiza los resultados.

```python
import numpy as np
import matplotlib.pyplot as plt
from sklearn.cluster import KMeans

# Generar un conjunto de datos aleatorio
np.random.seed(42)
X_random = np.random.rand(100, 2)



# Crear y entrenar el modelo K-Means con 3 clusters
modelo_kmeans = KMeans(n_clusters=3, random_state=42)
modelo_kmeans.fit(X_random)

# Obtener las etiquetas de cluster asignadas a cada punto de
datos
etiquetas_clusters = modelo_kmeans.labels_

# Visualizar el conjunto de datos y los clusters encontrados
plt.scatter(X_random[:, 0], X_random[:, 1],
c=etiquetas_clusters, cmap='viridis', edgecolors='k')
plt.scatter(modelo_kmeans.cluster_centers_[:, 0],
modelo_kmeans.cluster_centers_[:, 1], marker='X', s=200,
color='red', label='Centroides')
plt.title('Clustering con K-Means en Conjunto de Datos
Aleatorio')
plt.xlabel('Característica 1')
plt.ylabel('Característica 2')
plt.legend()
```

```
plt.show()
```

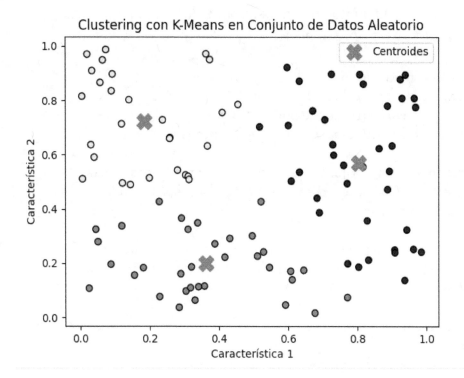

Clustering con K-Means en Conjunto de Datos Aleatorio

Ejercicio 47: Clustering con K-Means en Conjunto de Datos con Forma de Lunas:

Genera un conjunto de datos en forma de dos lunas y utiliza K-Means para realizar el clustering. Visualiza los resultados.

```python
import numpy as np
import matplotlib.pyplot as plt
from sklearn.cluster import KMeans
from sklearn.datasets import make_moons

# Generar un conjunto de datos en forma de dos lunas
X_moons, _ = make_moons(n_samples=200, noise=0.05,
random_state=42)

# Crear y entrenar el modelo K-Means con 2 clusters
modelo_kmeans = KMeans(n_clusters=2, random_state=42)
modelo_kmeans.fit(X_moons)

# Obtener las etiquetas de cluster asignadas a cada punto de
datos
etiquetas_clusters = modelo_kmeans.labels_

# Visualizar el conjunto de datos y los clusters encontrados
plt.scatter(X_moons[:, 0], X_moons[:, 1],
c=etiquetas_clusters, cmap='viridis', edgecolors='k')
plt.scatter(modelo_kmeans.cluster_centers_[:, 0],
modelo_kmeans.cluster_centers_[:, 1], marker='X', s=200,
color='red', label='Centroides')
plt.title('Clustering con K-Means en Conjunto de Datos en
Forma de Lunas')
plt.xlabel('Característica 1')
plt.ylabel('Característica 2')
plt.legend()
plt.show()
```

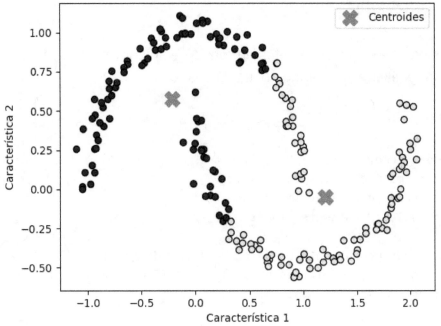

Clustering con K-Means en Conjunto de Datos en Forma de Lunas

Ejercicio 48: Clustering con K-Means en Conjunto de Datos con Forma de Anillo:

Genera un conjunto de datos en forma de anillo y utiliza K-Means para realizar el clustering. Visualiza los resultados.

```python
import numpy as np
import matplotlib.pyplot as plt
from sklearn.cluster import KMeans
from sklearn.datasets import make_circles

# Generar un conjunto de datos en forma de anillo
X_ring, _ = make_circles(n_samples=300, factor=0.5,
noise=0.05, random_state=42)

# Crear y entrenar el modelo K-Means con 2 clusters
modelo_kmeans = KMeans(n_clusters=2, random_state=42)
modelo_kmeans.fit(X_ring)

# Obtener las etiquetas de cluster asignadas a cada punto de
datos
etiquetas_clusters = modelo_kmeans.labels_

# Visualizar el conjunto de datos y los clusters encontrados
plt.scatter(X_ring[:, 0], X_ring[:, 1], c=etiquetas_clusters,
cmap='viridis', edgecolors='k')
plt.scatter(modelo_kmeans.cluster_centers_[:, 0],
modelo_kmeans.cluster_centers_[:, 1], marker='X', s=200,
color='red', label='Centroides')
plt.title('Clustering con K-Means en Conjunto de Datos en
Forma de Anillo')
plt.xlabel('Característica 1')
plt.ylabel('Característica 2')
```

```
plt.legend()
plt.show()
```

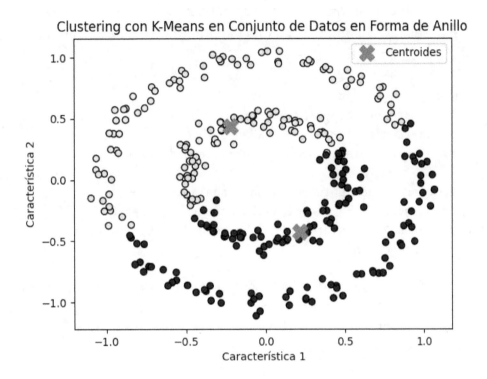

Clustering con K-Means en Conjunto de Datos en Forma de Anillo

Ejercicio 49: Clustering con K-Means en Conjunto de Datos Desbalanceado:

Genera un conjunto de datos desbalanceado y utiliza K-Means para realizar el clustering. Ajusta el número de clusters en función de la proporción de clases.

```python
import numpy as np
import matplotlib.pyplot as plt
from sklearn.cluster import KMeans
from sklearn.datasets import make_classification

# Generar un conjunto de datos desbalanceado
X_imbalanced, _ = make_classification(n_samples=300,
n_features=2, n_informative=2, n_redundant=0, weights=[0.9,
0.1], random_state=42)

# Crear y entrenar el modelo K-Means con 2 clusters (ajustado
a la proporción de clases)
modelo_kmeans = KMeans(n_clusters=2, random_state=42)
modelo_kmeans.fit(X_imbalanced)

# Obtener las etiquetas de cluster asignadas a cada punto de
datos
etiquetas_clusters = modelo_kmeans.labels_

# Visualizar el conjunto de datos y los clusters encontrados
plt.scatter(X_imbalanced[:, 0], X_imbalanced[:, 1],
c=etiquetas_clusters, cmap='viridis', edgecolors='k')
plt.scatter(modelo_kmeans.cluster_centers_[:, 0],
modelo_kmeans.cluster_centers_[:, 1], marker='X', s=200,
color='red', label='Centroides')
plt.title('Clustering con K-Means en Conjunto de Datos
Desbalanceado')
plt.xlabel('Característica 1')
```

```
plt.ylabel('Característica 2')
plt.legend()
plt.show()
```

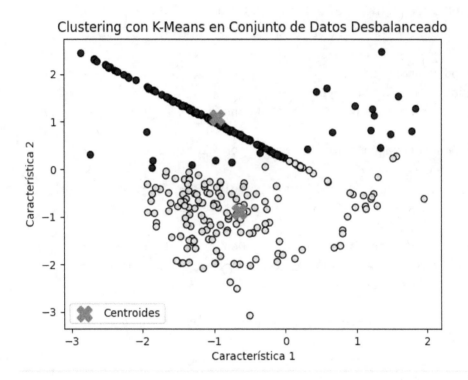

Ejercicio 50: Clustering con K-Means en Conjunto de Datos con Varianza Distinta:

Genera un conjunto de datos con clusters de diferente varianza y utiliza K-Means para realizar el clustering. Observa cómo K-Means tiende a asignar más puntos al cluster de mayor varianza.

```python
import numpy as np
import matplotlib.pyplot as plt
from sklearn.cluster import KMeans

# Generar un conjunto de datos con clusters de diferente
varianza
X_variance, _ = make_blobs(n_samples=300, centers=[[0, 0], [5,
5]], cluster_std=[1, 3], random_state=42)

# Crear y entrenar el modelo K-Means con 2 clusters
modelo_kmeans = KMeans(n_clusters=2, random_state=42)
modelo_kmeans.fit(X_variance)

# Obtener las etiquetas de cluster asignadas a cada punto de
datos
etiquetas_clusters = modelo_kmeans.labels_

# Visualizar el conjunto de datos y los clusters encontrados
plt.scatter(X_variance[:, 0], X_variance[:, 1],
c=etiquetas_clusters, cmap='viridis', edgecolors='k')
plt.scatter(modelo_kmeans.cluster_centers_[:, 0],
modelo_kmeans.cluster_centers_[:, 1], marker='X', s=200,
color='red', label='Centroides')
plt.title('Clustering con K-Means en Conjunto de Datos con
Varianza Distinta')
plt.xlabel('Característica 1')
plt.ylabel('Característica 2')
plt.legend()
```

```
plt.show()
```

Este código utiliza la biblioteca scikit-learn para generar un
conjunto de datos con clusters de diferente varianza y luego aplica
el algoritmo K-Means para realizar la agrupación. Aquí tienes una
explicación paso a paso:

Importar las bibliotecas necesarias:

```
import numpy as np
import matplotlib.pyplot as plt
from sklearn.cluster import KMeans
from sklearn.datasets import make_blobs
```

Generar un conjunto de datos con clusters de diferente
varianza utilizando `make_blobs`:

```
X_variance, _ = make_blobs(n_samples=300, centers=[[0, 0], [5,
5]], cluster_std=[1, 3], random_state=42)
```

- `n_samples`: Número total de puntos de datos.
- `centers`: Lista de coordenadas de los centros de los
  clusters.
- `cluster_std`: Desviación estándar de cada cluster.
  Crear y entrenar el modelo K-Means con 2 clusters:

```
modelo_kmeans = KMeans(n_clusters=2, random_state=42)
modelo_kmeans.fit(X_variance)
```

- `n_clusters`: Número de clusters que se desean encontrar.

138

Obtener las etiquetas de cluster asignadas a cada punto de datos:

```
etiquetas_clusters = modelo_kmeans.labels_
```

Visualizar el conjunto de datos y los clusters encontrados:

```
plt.scatter(X_variance[:, 0], X_variance[:, 1],
c=etiquetas_clusters, cmap='viridis', edgecolors='k')
plt.scatter(modelo_kmeans.cluster_centers_[:, 0],
modelo_kmeans.cluster_centers_[:, 1], marker='X', s=200,
color='red', label='Centroides')
plt.title('Clustering con K-Means en Conjunto de Datos con
Varianza Distinta')
plt.xlabel('Característica 1')
plt.ylabel('Característica 2')
plt.legend()
plt.show()
```

Este código muestra un gráfico de dispersión donde cada punto de datos está coloreado según el cluster al que pertenece, y se marcan los centroides de los clusters con una 'X' de color rojo.

Recuerda que este es un ejemplo de conjunto de datos sintético y los parámetros utilizados en `make_blobs` son ajustados para ilustrar el concepto de clusters con diferente varianza. Puedes ajustar los parámetros según tus necesidades específicas.

Capítulo 6. Reducción de Dimensionalidad.

Ejercicio 51. Reducción de Dimensionalidad con PCA:

En este ejercicio, utilizaremos el análisis de componentes principales (PCA) para reducir la dimensionalidad de un conjunto de datos y visualizar la representación en un espacio de menor dimensión.

```
import numpy as np
import matplotlib.pyplot as plt
from sklearn.datasets import load_iris
from sklearn.decomposition import PCA

# Cargar el conjunto de datos Iris
iris = load_iris()
X = iris.data
y = iris.target

# Aplicar PCA para reducir la dimensionalidad a 2 componentes
principales
pca = PCA(n_components=2)
X_reduced = pca.fit_transform(X)

# Visualizar el conjunto de datos en el espacio de menor
dimensión
plt.scatter(X_reduced[:, 0], X_reduced[:, 1], c=y,
cmap='viridis', edgecolors='k')
plt.title('Reducción de Dimensionalidad con PCA')
```

```
plt.xlabel('Primer Componente Principal')
plt.ylabel('Segundo Componente Principal')
plt.show()
```

En este ejercicio:

Cargamos el conjunto de datos Iris, que tiene cuatro características.

Aplicamos PCA para reducir la dimensionalidad a dos componentes principales.

Visualizamos el conjunto de datos en el espacio de menor dimensión creado por los dos primeros componentes principales.

Puedes experimentar con otros conjuntos de datos y ajustar la cantidad de componentes principales para ver cómo la reducción de dimensionalidad afecta la representación visual de los datos.

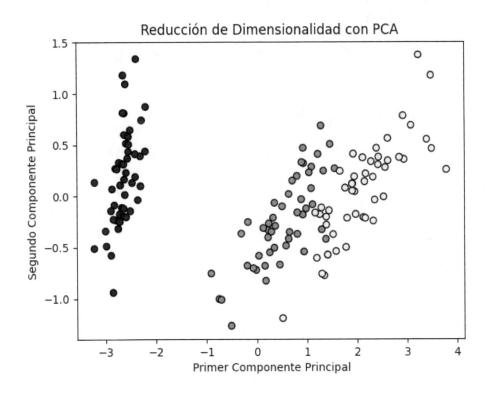

Ejercicio 52: Reducción de Dimensionalidad con t-SNE:

Utilizaremos t-Distributed Stochastic Neighbor Embedding (t-SNE) para reducir la dimensionalidad de un conjunto de datos y visualizarlo en 2D.

```python
import numpy as np
import matplotlib.pyplot as plt
from sklearn.datasets import load_digits
from sklearn.manifold import TSNE

# Cargar el conjunto de datos de dígitos
digits = load_digits()
X = digits.data
y = digits.target

# Aplicar t-SNE para reducir la dimensionalidad a 2
componentes
tsne = TSNE(n_components=2, random_state=42)
X_reduced = tsne.fit_transform(X)

# Visualizar el conjunto de datos en el espacio de menor
dimensión
plt.scatter(X_reduced[:, 0], X_reduced[:, 1], c=y,
cmap='viridis', edgecolors='k')
plt.title('Reducción de Dimensionalidad con t-SNE')
plt.xlabel('Componente 1')
plt.ylabel('Componente 2')
plt.show()
```

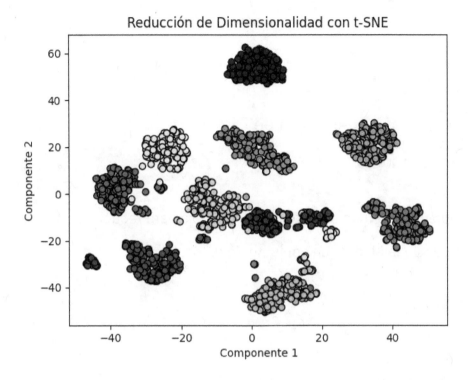

Reducción de Dimensionalidad con t-SNE

Ejercicio 53: Reducción de Dimensionalidad con Autoencoders:

Implementaremos un autoencoder simple para reducir la dimensionalidad de un conjunto de datos.

Solución:

```python
import numpy as np
import matplotlib.pyplot as plt
from sklearn.datasets import load_digits
from sklearn.preprocessing import MinMaxScaler
from sklearn.neural_network import MLPRegressor

# Cargar el conjunto de datos de dígitos
digits = load_digits()
X = digits.data
y = digits.target

# Normalizar los datos
scaler = MinMaxScaler()
X_normalized = scaler.fit_transform(X)

# Crear y entrenar un autoencoder
autoencoder = MLPRegressor(hidden_layer_sizes=(64, 2, 64),
max_iter=1000, random_state=42)
autoencoder.fit(X_normalized, X_normalized)
```

```python
# Obtener la representación de menor dimensión
X_reduced = autoencoder.transform(X_normalized)

# Visualizar el conjunto de datos en el espacio de menor
dimensión
plt.scatter(X_reduced[:, 0], X_reduced[:, 1], c=y,
cmap='viridis', edgecolors='k')
plt.title('Reducción de Dimensionalidad con Autoencoder')
plt.xlabel('Componente 1')
plt.ylabel('Componente 2')
plt.show()
```

Ejercicio 54: Reducción de Dimensionalidad con LLE:

Aplicaremos Locally Linear Embedding (LLE) para reducir la dimensionalidad de un conjunto de datos.

```python
import numpy as np
import matplotlib.pyplot as plt
from sklearn.datasets import load_digits
from sklearn.manifold import LocallyLinearEmbedding

# Cargar el conjunto de datos de dígitos
digits = load_digits()
X = digits.data
y = digits.target

# Aplicar LLE para reducir la dimensionalidad a 2 componentes
lle = LocallyLinearEmbedding(n_components=2, random_state=42)
X_reduced = lle.fit_transform(X)

# Visualizar el conjunto de datos en el espacio de menor
dimensión
plt.scatter(X_reduced[:, 0], X_reduced[:, 1], c=y,
cmap='viridis', edgecolors='k')
plt.title('Reducción de Dimensionalidad con LLE')
plt.xlabel('Componente 1')
plt.ylabel('Componente 2')
plt.show()
```

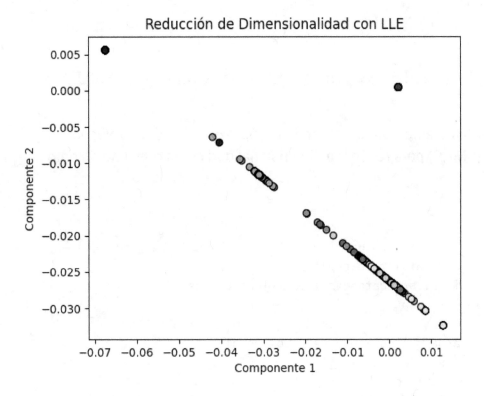

Ejercicio 55: Reducción de Dimensionalidad con UMAP:

Utilizaremos Uniform Manifold Approximation and Projection (UMAP) para reducir la dimensionalidad de un conjunto de datos.

```python
import numpy as np
import matplotlib.pyplot as plt
from sklearn.datasets import load_digits
import umap

# Cargar el conjunto de datos de dígitos
digits = load_digits()
X = digits.data
y = digits.target

# Aplicar UMAP para reducir la dimensionalidad a 2 componentes
umap_model = umap.UMAP(n_components=2, random_state=42)
X_reduced = umap_model.fit_transform(X)

# Visualizar el conjunto de datos en el espacio de menor
dimensión
plt.scatter(X_reduced[:, 0], X_reduced[:, 1], c=y,
cmap='viridis', edgecolors='k')
plt.title('Reducción de Dimensionalidad con UMAP')
plt.xlabel('Componente 1')
plt.ylabel('Componente 2')
plt.show()
```

Ejercicio 56. Reducción de Dimensionalidad con Factorización de Matrices No Negativas (NMF):

En este ejercicio, aplicaremos la técnica de Factorización de Matrices No Negativas (NMF) para reducir la dimensionalidad de un conjunto de datos.

```python
import numpy as np
import matplotlib.pyplot as plt
from sklearn.datasets import load_digits
from sklearn.decomposition import NMF

# Cargar el conjunto de datos de dígitos
digits = load_digits()
X = digits.data
y = digits.target

# Aplicar NMF para reducir la dimensionalidad a 2 componentes
nmf = NMF(n_components=2, random_state=42)
X_reduced = nmf.fit_transform(X)

# Visualizar el conjunto de datos en el espacio de menor
dimensión
plt.scatter(X_reduced[:, 0], X_reduced[:, 1], c=y,
cmap='viridis', edgecolors='k')
plt.title('Reducción de Dimensionalidad con NMF')
plt.xlabel('Componente 1')
plt.ylabel('Componente 2')
plt.show()
```

En este ejercicio:

Cargamos el conjunto de datos de dígitos.

Aplicamos la Factorización de Matrices No Negativas (NMF) para reducir la dimensionalidad a dos componentes.

Visualizamos el conjunto de datos en el espacio de menor dimensión creado por las dos componentes.

Este ejercicio te permite explorar una técnica diferente de reducción de dimensionalidad y comparar cómo se comporta en comparación con otras técnicas. Experimenta con diferentes conjuntos de datos y parámetros para obtener una comprensión más profunda de la factorización de matrices no negativas.

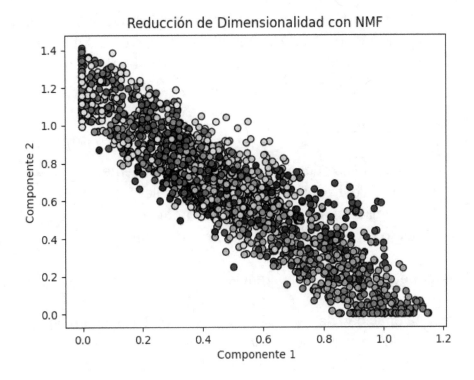

Reducción de Dimensionalidad con NMF

Capítulo 7. Consideraciones Éticas en Machine Learning:

El desarrollo y la implementación de modelos de Machine Learning conllevan importantes consideraciones éticas que deben ser abordadas de manera cuidadosa y responsable. Algunos aspectos clave incluyen:

1. Privacidad de los Datos:

- El uso de datos personales plantea preocupaciones sobre la privacidad. Es crucial garantizar que los datos utilizados en los modelos sean tratados de manera ética y cumplan con las regulaciones de privacidad.

2. Sesgo y Equidad:

- Los modelos pueden heredar sesgos existentes en los datos de entrenamiento, lo que puede llevar a decisiones discriminatorias. Es necesario abordar activamente el sesgo y trabajar hacia modelos más equitativos.

3. Interpretabilidad y Transparencia:

- La opacidad de algunos modelos de Machine Learning, como las redes neuronales profundas, puede ser un problema. La capacidad de explicar y entender cómo se toman las decisiones es fundamental para la confianza y la rendición de cuentas.

4. Responsabilidad y Rendición de Cuentas:

- Los desarrolladores y las organizaciones deben ser responsables de las decisiones tomadas por sus modelos. Se deben establecer mecanismos para abordar posibles impactos negativos y errores.

5. Consentimiento Informado:

- Es fundamental obtener el consentimiento informado de las personas cuyos datos se utilizan en modelos de Machine Learning. Los usuarios deben ser conscientes de cómo se están utilizando sus datos.

Desafíos Actuales en Machine Learning:

1. Sesgo en los Datos:

- Los datos históricos pueden contener sesgos inherentes, lo que puede resultar en modelos que perpetúan y amplifican desigualdades existentes.

2. Falta de Interpretabilidad:

- Modelos complejos, como las redes neuronales profundas, pueden ser difíciles de interpretar. La falta de interpretabilidad puede ser un obstáculo para su adopción, especialmente en aplicaciones críticas.

3. Escasez de Datos de Alta Calidad:

- En muchos casos, la calidad y la cantidad de datos disponibles son limitadas, lo que puede afectar la capacidad del modelo para generalizar de manera efectiva.

4. Seguridad y Vulnerabilidades:

- Los modelos de Machine Learning pueden ser susceptibles a ataques adversarios, donde un agente malintencionado manipula los datos de entrada para engañar al modelo.

5. Automatización de Decisiones:

- La automatización de decisiones basadas en modelos puede tener consecuencias significativas. Es necesario considerar cómo se pueden mitigar los posibles impactos negativos en los individuos y la sociedad.

6. Desafíos Éticos en la IA Conversacional:

- Los asistentes virtuales y sistemas de procesamiento de lenguaje natural plantean desafíos éticos en términos de privacidad, manipulación y comprensión de sesgos culturales.

Es fundamental que los desarrolladores, científicos de datos y las organizaciones adopten prácticas éticas y se comprometan a abordar estos desafíos. La colaboración entre expertos en ética, legisladores y profesionales de la tecnología es esencial para garantizar un desarrollo responsable y sostenible en el campo del Machine Learning.

Recursos Adicionales para Aprender Machine Learning:

Libros:

"Hands-On Machine Learning with Scikit-Learn, Keras, and TensorFlow" by Aurélien Géron.
"Python Machine Learning" by Sebastian Raschka and Vahid Mirjalili.

"Pattern Recognition and Machine Learning" by Christopher M. Bishop.
"Deep Learning" by Ian Goodfellow, Yoshua Bengio, and Aaron Courville.

Cursos en Línea:

Coursera: Machine Learning by Andrew Ng:
- Machine Learning - Coursera

edX: Introduction to Artificial Intelligence (AI) by Microsoft:
- Introduction to Artificial Intelligence - edX

Fast.ai: Practical Deep Learning for Coders:
- Practical Deep Learning for Coders - Fast.ai

Plataformas de Desafíos y Proyectos:

Kaggle:
- Kaggle: Ofrece conjuntos de datos, competiciones y recursos para aprender y aplicar Machine Learning en proyectos del mundo real.

DrivenData:
- DrivenData: Plataforma que organiza competiciones de Machine Learning centradas en problemas sociales y humanitarios.

Blogs y Recursos en Línea:

Towards Data Science:
- Towards Data Science on Medium: Una colección de artículos sobre ciencia de datos y Machine Learning.

Distill:

- Distill: Revista en línea que presenta artículos sobre investigación en Machine Learning con un enfoque en la claridad y la visualización.

Comunidades y Foros:

Stack Overflow:
- Stack Overflow - Machine Learning: Foro de preguntas y respuestas sobre Machine Learning.

Reddit - Machine Learning:
- Reddit - Machine Learning: Comunidad dedicada a discutir novedades, investigaciones y problemas en el campo del Machine Learning.

Documentación Oficial de Bibliotecas:

Scikit-Learn Documentation:
- Scikit-Learn Documentation

TensorFlow Documentation:
- TensorFlow Documentation

PyTorch Documentation:
- PyTorch Documentation

Estos recursos cubren una variedad de niveles, desde principiantes hasta avanzados, y abordan diversas áreas del Machine Learning, desde conceptos fundamentales hasta técnicas y aplicaciones avanzadas. La combinación de cursos, libros, y proyectos prácticos te proporcionará una base sólida para explorar y profundizar en el campo del Machine Learning.

www.ingramcontent.com/pod-product-compliance
Lightning Source LLC
LaVergne TN
LVHW081528050326
832903LV00025B/1679